Simone
Groß

LIEBLINGS STÜCKE AUS RAYSIN, BETON & CO.

GIESSEN
UND
MODELLIEREN

EMF

EIN BUCH DER
EDITION MICHAEL FISCHER

INHALT

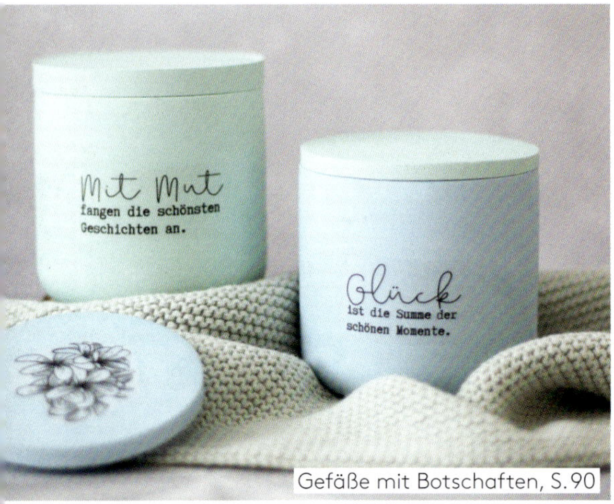

Gefäße mit Botschaften, S.90

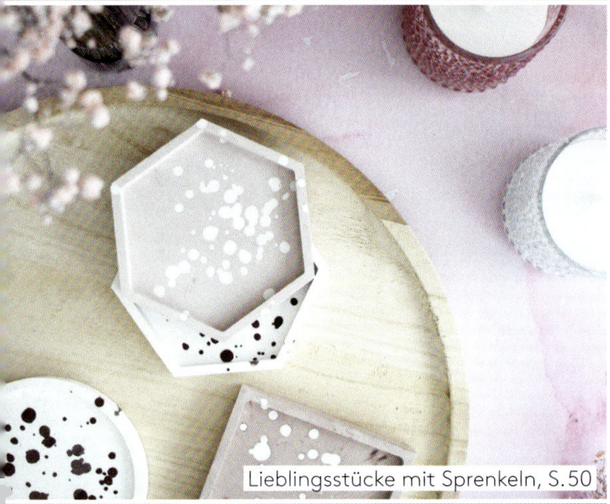
Lieblingsstücke mit Sprenkeln, S.50

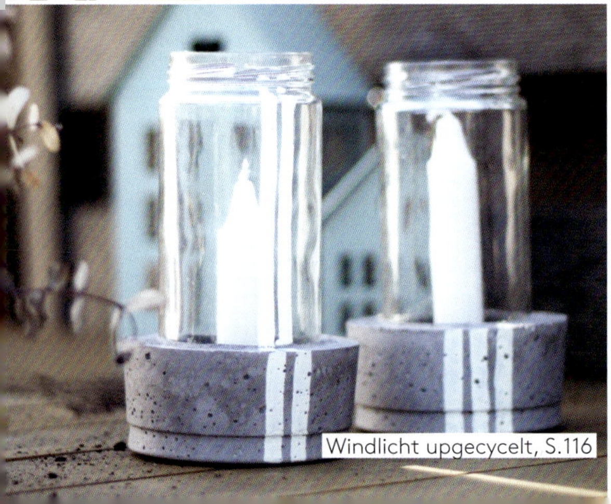
Windlicht upgecycelt, S.116

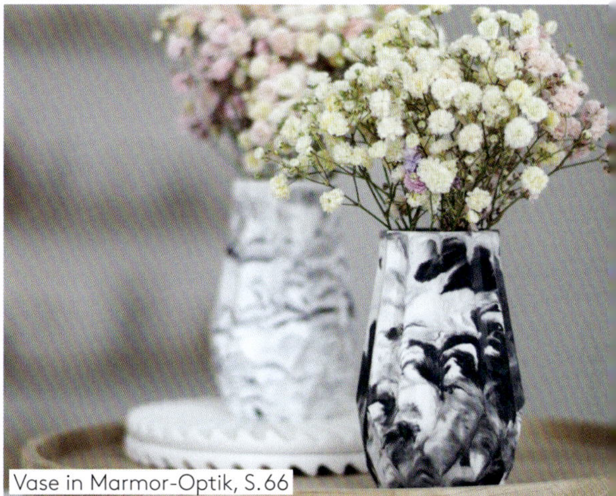
Vase in Marmor-Optik, S. 66

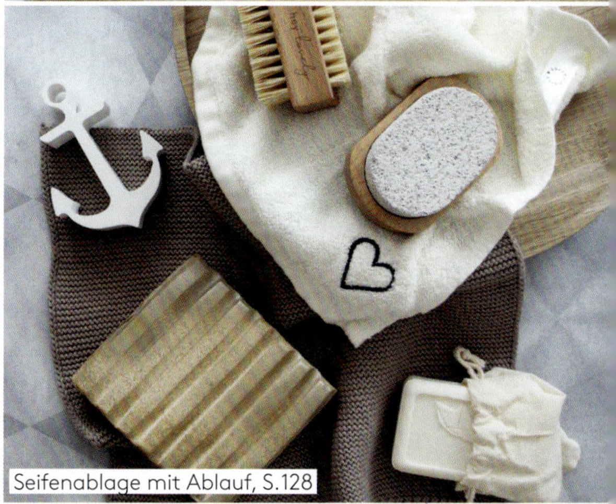
Seifenablage mit Ablauf, S. 128

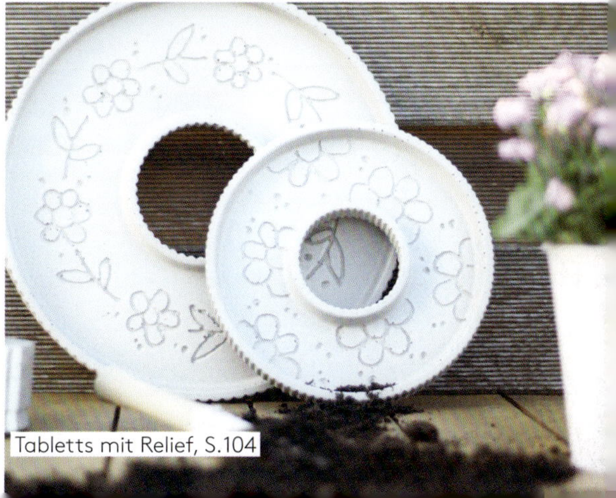
Tabletts mit Relief, S. 104

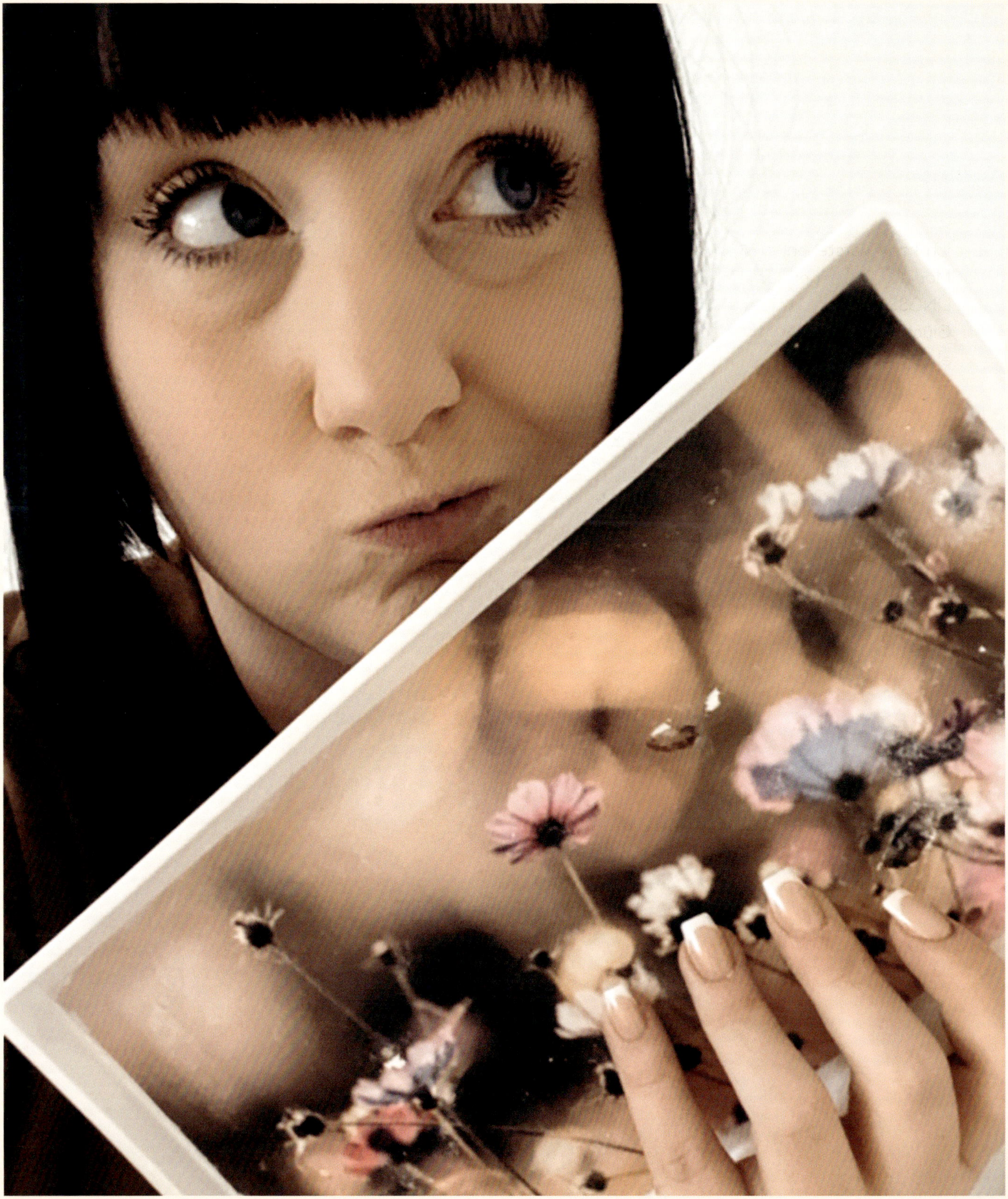

VORWORT

Ich kann verstehen, dass dich auch das Gieß- und Modellierfieber gepackt hat. Das Kreieren von LIEBLINGSSTÜCKEN aus Beton, Raysin und mehr kann Glücksgefühle hervorrufen. Es ist immer wieder ein einzigartiges Gefühl, das fertige Produkt aus der Form herauszulösen.

Ich zeige dir in diesem Buch unterschiedliche Techniken, wie du deine LIEBLINGSSTÜCKE herstellen und individuell gestalten kannst. Du bekommst einen Leitfaden an die Hand, um dir deine ganz persönlichen Lieblinge zu gestalten. Das Schwierige daran ist nur noch, sich zu entscheiden, mit welchem Projekt du gern beginnen möchtest.

Als Kreativexpertin im DIY-Bereich bin auch ich im Laufe der Zeit auf Silikonformen und die dazugehörigen Massen gestoßen. Zuerst wurde ich auf Raysin aufmerksam. Was dann folgte, kommt dir sicher bekannt vor. Ich habe mir unzählige Silikonformen, Mischbecher und Werkzeuge gekauft, damit auch ich hübsche Deko-Objekte, Kerzenständer und Co. herstellen konnte. Mit diesem Buch ist die Auswahl an Silikonformen und nützlichen Hilfsmitteln selbstverständlich gewachsen. Ich konnte mir viel Wissen über die Eigenschaften der einzelnen Massen, ihrer Verarbeitung und die unzähligen Gestaltungsmöglichkeiten aneignen, welche ich gern im LIEBLINGSSTÜCKE-Buch mit dir teile.

Mach´s schön mit diesem Buch!

Mone

GRUNDLAGEN

MATERIALKUNDE

RAYSIN (KERAQUICK UND KERAFLOTT)

Raysin ist derzeit eine der beliebtesten Gießmassen auf dem Markt. Meiner Meinung nach mehr als verständlich. Auch ich arbeite sehr gern damit, da sich die Masse einfach zubereiten und das Ergebnis nicht lange auf sich warten lässt. Raysin ist staubarm und härtet sehr schnell aus. Das Ergebnis ist superglatt und fein. Doch was ist das weiße Gießpulver eigentlich? Raysin besteht aus Calciumsulfat, dessen Dihydrat als Gips bekannt ist. Einfach erklärt, ist Raysin ein Gießpulver auf Gipsbasis, welches so nur vom Hersteller Rayher produziert wird. Raysin ist gesundheitlich unbedenklich sowie lebensmittelneutral.

Raysin ist wie Beton lufthärtend. Einen kleinen Unterschied gibt es jedoch. Für das Auge kaum sichtbar zieht sich Raysin minimal zusammen. Außerdem gibt es Raysin in zwei unterschiedlichen Härtegraden (Raysin 100 und Raysin 200) im Handel zu kaufen. Das bedeutet für dich: Raysin 100 besitzt eine weniger hohe Festigkeit und würde schneller brechen als Raysin 200. Wenn du dir nicht sicher bist, welches Raysin für dein Projekt geeigneter ist, greife hier immer zu Raysin 200.

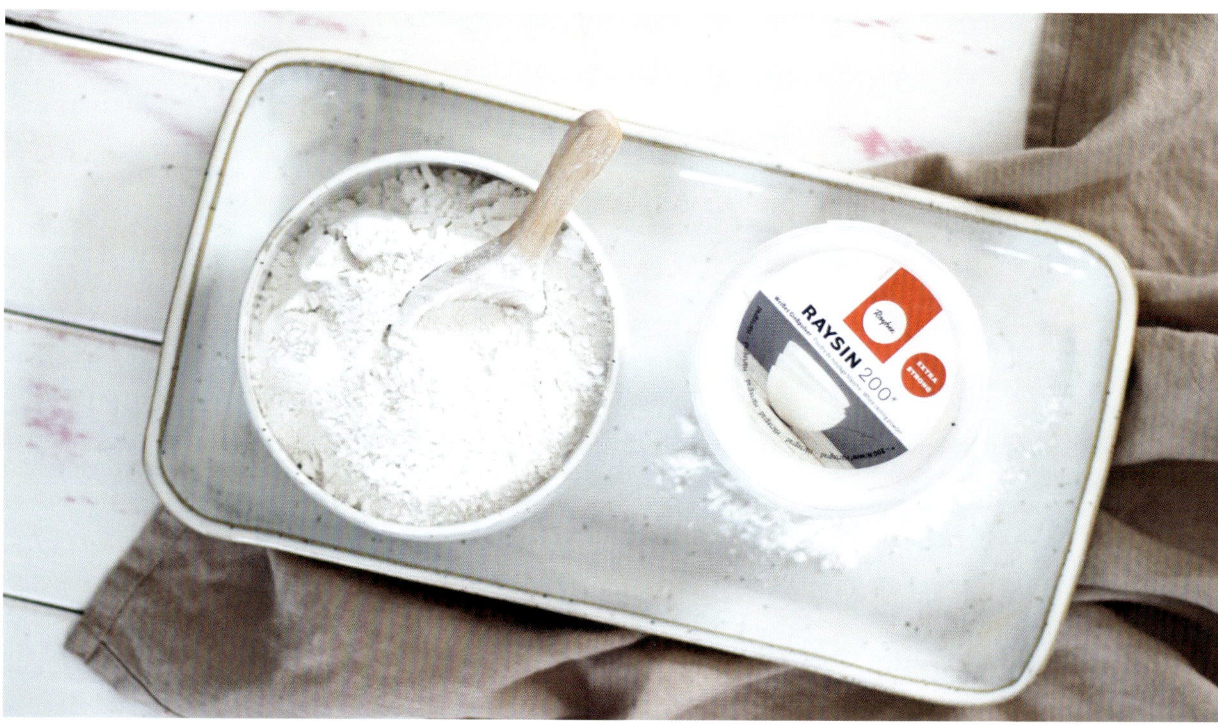

Neben Raysin gibt es weitere Hersteller, die weiße Gießpulver anbieten. Zwei der bekanntesten sind Keraquick (Hersteller Knorr Prandell) und Keraflott (Hersteller Hobbyfun). Beide sind ähnlich wie Raysin. Der Farbton „Weiß" wirkt von Herstellsteller zu Hersteller anders.

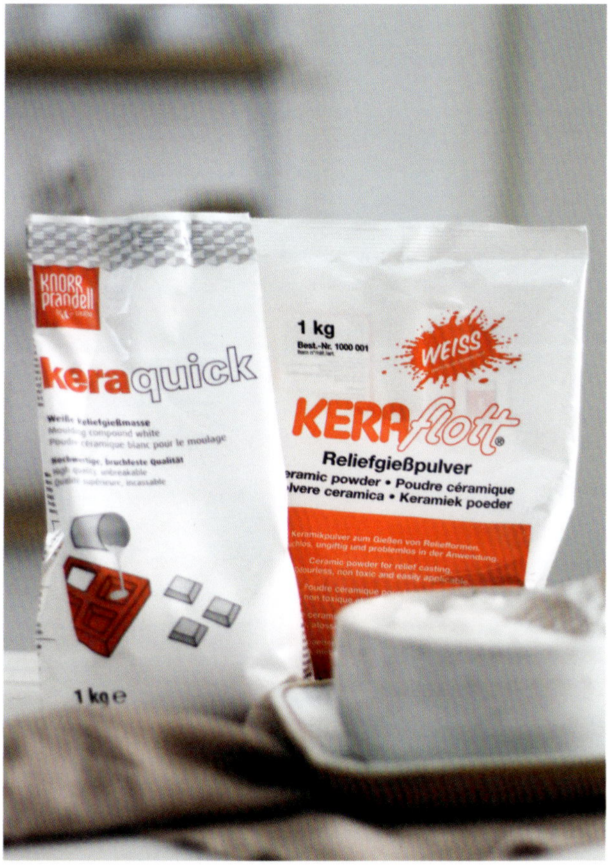

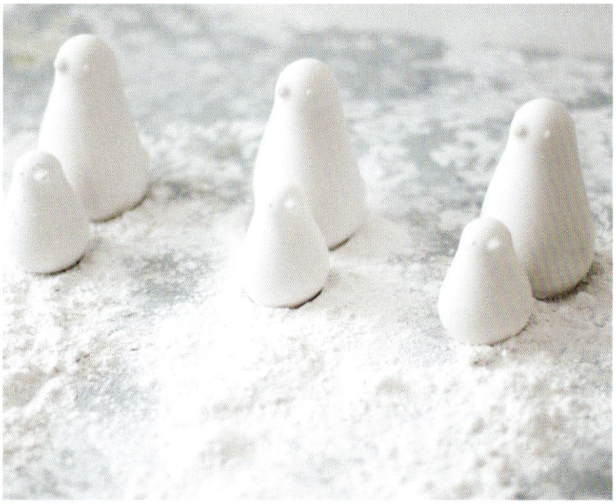

Pulver im Vergleich:
Von links: Raysin, Keraflott, Keraquick

JESMONITE

Jesmonite ist ein Verbundmaterial aus zwei Komponenten. Anders als bei den Gießmassen auf Gipsbasis, die mit Wasser angerührt werden, wird Jesmonite mit einem wasserbasierten, lösungsmittelfreien und umweltfreundlichen Acrylharz angerührt. So werden bei der Herstellung auch keine giftigen Dämpfe freigesetzt. Sobald die Komponenten miteinander vermengt werden, reagiert diese Masse und fängt an auszuhärten. Im angerührten Zustand riecht Jesmonite eher streng und ist etwas gewöhnungsbedürftig.

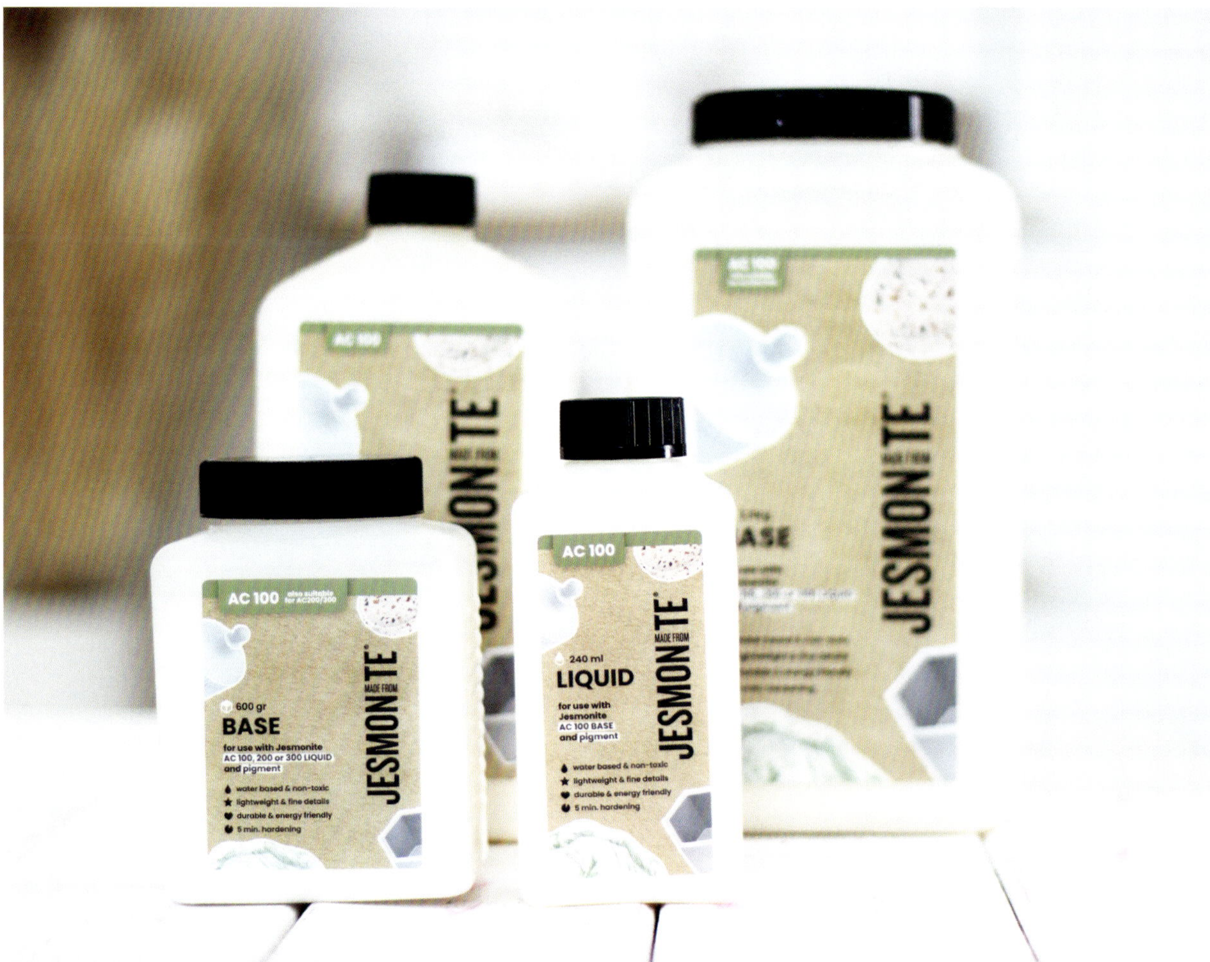

BETON

Mittlerweile gibt es eine große Auswahl von Beton-Produkten zum Herstellen von Lieblingsstücken wie Blumentöpfen, Tabletts, Figuren und vielem mehr.
Wenn du es dir so einfach wie möglich machen möchtest oder absolute*r Anfänger*in bist, greifst du am besten auf Kreativbeton zurück. Kreativbeton ist staubarm und lässt sich einfach verarbeiten. Das Einzige, was du hinzufügen musst, ist Wasser. Deine Kreationen sind nach dem Aushärten witterungsbeständig und lassen sich somit bedenkenlos im Garten, auf dem Balkon oder der Terrasse platzieren.
Kreativbeton ist im Vergleich zu Beton aus dem Baumarkt recht preisintensiv.

Wenn du dich doch lieber auf den Weg in den Baumarkt machst, erschrick nicht, es gibt unglaublich viele Sorten Zement, die zum Anrühren von Beton infrage kommen. Auf Fertigbeton und Schnellzement solltest du bei deiner Auswahl verzichten. Im Fertigbeton sind oftmals größere Kiesel enthalten, die dazu beitragen, dass du kein glattes Ergebnis erhältst. Bei Schnellzement sollte, wie der Name es sagt, alles zügig vonstatten gehen. Außerdem besteht die Gefahr, dass die ausgeschalte Form mit der Zeit rissig wird. Für Anfänger sind die Betonarten aus dem Baumarkt eher ungeeignet.
Wer sich Beton im Baumarkt kauft, muss bedenken, dass er außerdem noch Kies oder Sand zum Anrühren benötigt wird. Auch hier kommt es auf das richtige Verhältnis der einzelnen Komponenten an.

Beim Arbeiten mit Beton musst du unbedingt beachten, dich ausreichend zu schützen, da die feinen Staubpartikel die Lunge schädigen und schwere Augenreizungen hervorrufen können. Auch der direkte Kontakt mit der Haut sollte vermieden werden.

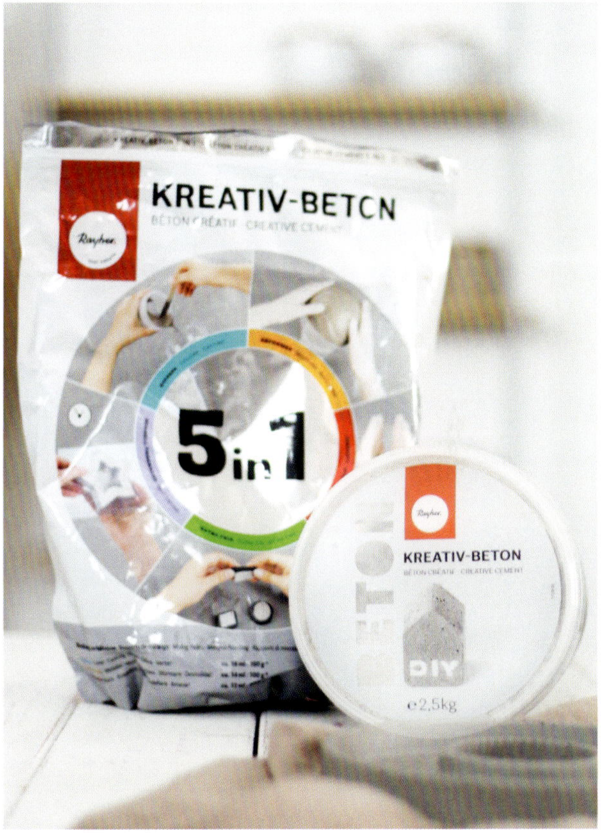

FIMOAIR

Die lufttrocknende Modelliermasse vom Hersteller Staedtler eignet sich hervorragend, um einzigartige Stücke zu formen. Die vier unterschiedlichen Ausführungen FIMOair, FIMOair light, FIMOair granite-effect und FIMOair wood-effect sind äußerst leicht zu formen und sehr unkompliziert in ihrer Anwendung. Daher sind sie auch sehr gut für Einsteiger*innen geeignet. Je nach Stärke des modellierten Kunstwerks dauert das Lufttrocknen bis zu 48 Stunden, danach weist es eine hohe Bruchfestigkeit auf und kann nach Bedarf oberflächlich bearbeitet werden. Neben Lackieren und Schleifen kann auch hineingebohrt werden.

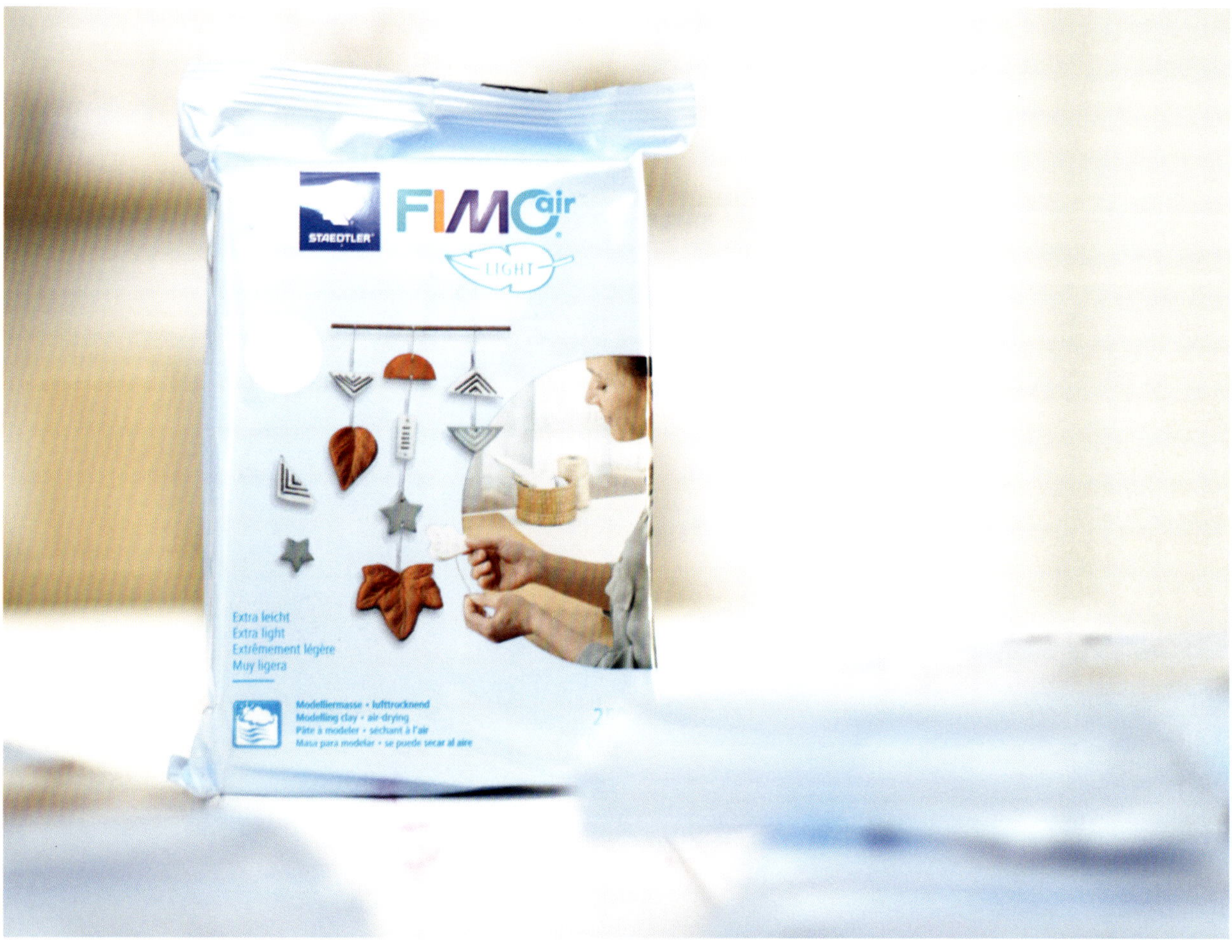

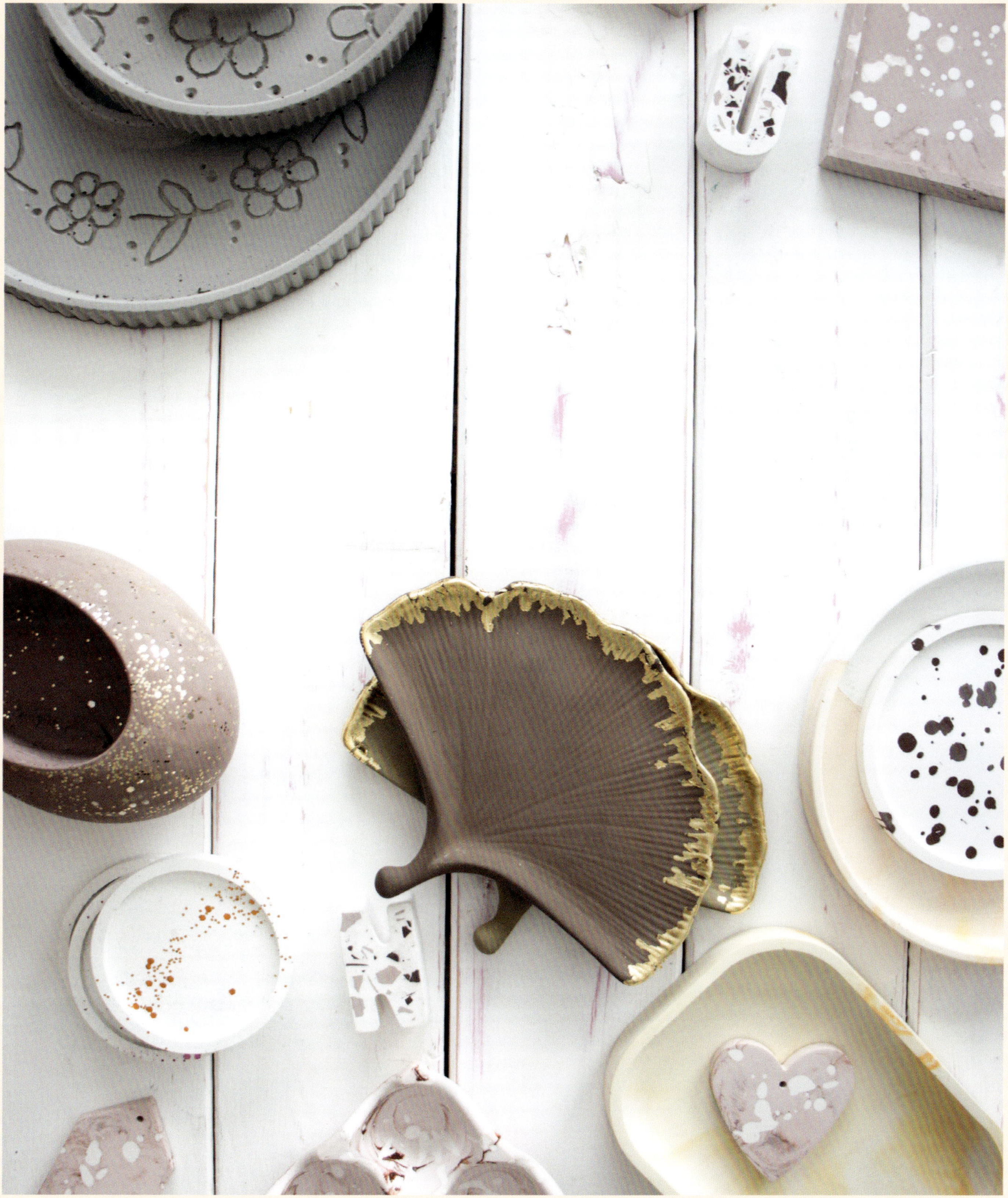

NÜTZLICHE
MATERIALIEN

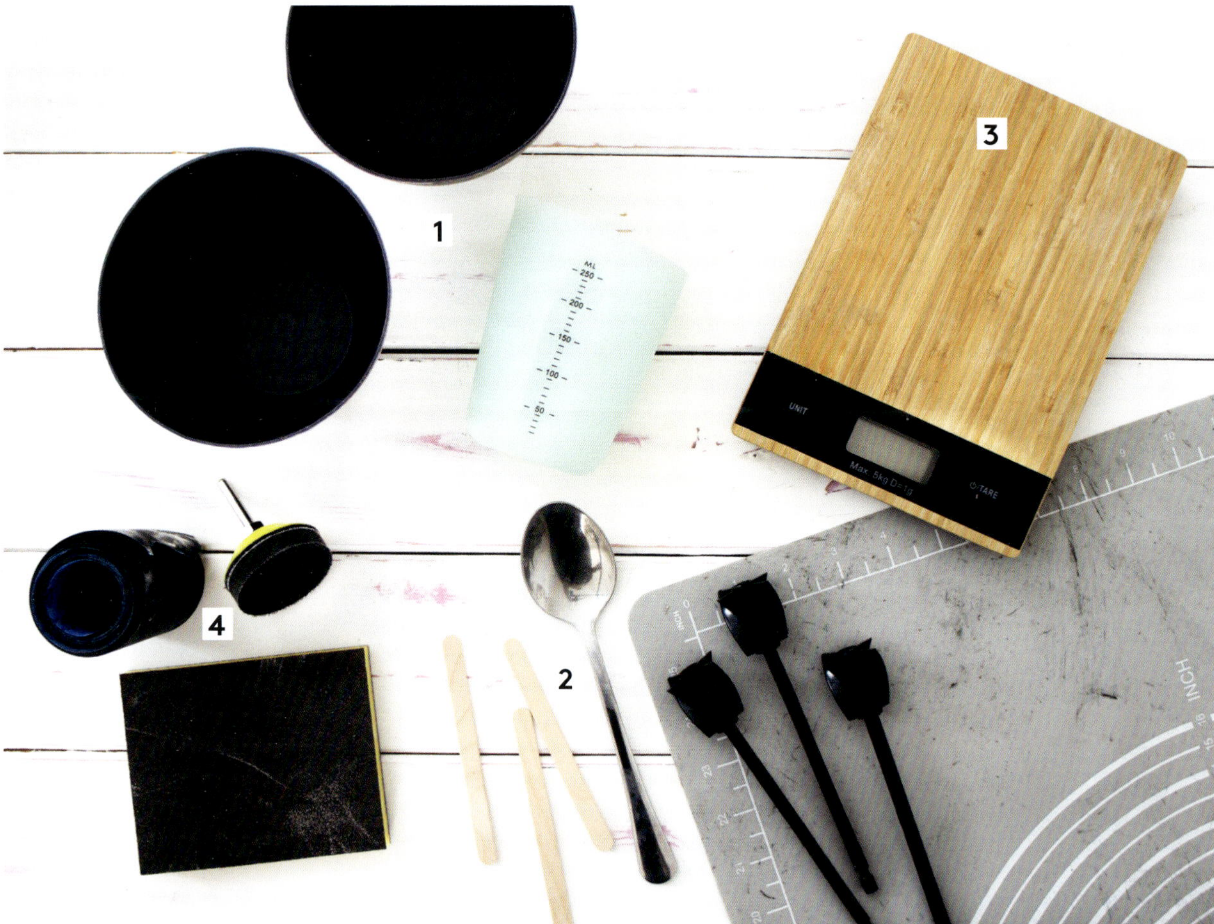

Folgende Helferchen werden dir die Arbeit mit den Massen erleichtern.
Wenn du also ganz frisch dem Gießen und Modellieren verfallen bist, habe ich hier für dich eine Auswahl an Produkten, die dich unterstützen.

1. Messbecher aus Silikon

Zum Anrühren einer Masse empfehle ich dir Behälter aus Silikon. Sie sind äußert flexibel und leicht in der Handhabung. Die Rückstände der Gießmasse lässt du in den Behältern trocknen und kannst sie später zusammenknautschen. Dadurch bröselt die getrocknete Masse ab, und der Becher ist bereit für seinen nächsten Einsatz.

2. Löffel, Holzstäbchen und Co.

Zum Anrühren kannst du ausgediente Esslöffel, Eisstiele oder einen Spachtel verwenden. Wichtig ist, die Masse immer klümpchenfrei anzurühren.
Alternativ gibt es im Handel Aufsätze für Akkuschrauber aus Metall (für Beton) oder aus Plastik (für leichte Massen) zum Anrühren. Das erleichtert die Vorarbeiten ungemein.

3. Küchenwaage

Für das genaue Abwiegen der Pulvermenge ist eine Küchenwaage unverzichtbar. Mit ihr bestimmst du auf das Gramm genau die Menge, die du für dein Projekt benötigst.

4. Schleifpapier, Schleifpads und Schleifaufsätze

Um Kanten und Grate vom Lieblingsstück zu entfernen, muss manchmal auf Schleifpapier zurückgegriffen werden. Dafür eignen sich Schleifpads sehr gut, es gibt sie in unterschiedlicher Körnung. Du findest sie im Baumarkt dort, wo auch das einfache Schleifpapier einsortiert ist. Alternativ dazu gibt es auch Mini-Schleifaufsätze mit unterschiedlichen Schleifpads. Diese eignen sich für flächige Arbeiten, zum Beispiel für Tabletts mit Terrazzo-Muster.

5. Selbstklebender Kork mit runden Stanzen

Damit deine Stücke keine Oberflächen zerkratzen, kannst du kleine Kreise aus Kork ausstanzen und sie auf die Unterseite deiner LIEBLINGSSTÜCKE kleben.

FARBE

FÜR DEINE LIEBLINGSSTÜCKE

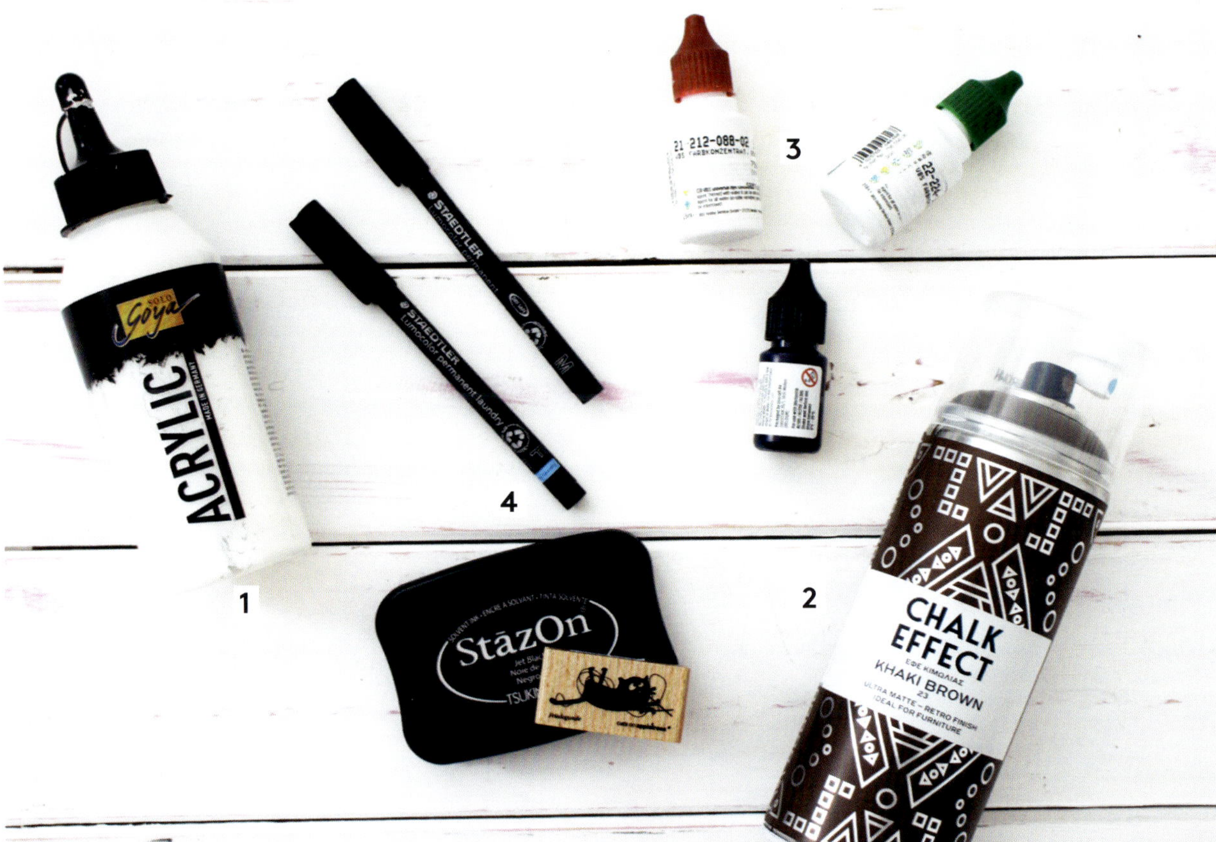

Wer Lust auf Farbe hat, kann auf unterschiedliche Weise seine LIEBLINGSSTÜCKE verschönern. Hierfür kannst du Acrylfarbe, Farbspray, aber auch Pigmente zum Einfärben verwenden. Doch was eignet sich wofür am besten?

1. Acrylfarbe

Du kannst deine Werke mit handelsüblichen Acrylfarben bemalen. Dafür benötigst du nur einen Pinsel oder Schwamm zum Auftragen. Das geht recht schnell, ist aber nicht witterungsbeständig. Ein weiterer Nachteil ist, dass man die Malspuren deutlich sehen kann. Alternativ kannst du die Acrylfarbe in lauwarmem Wasser lösen und beim Anrühren anschließend mit dem Pulver vermengen.

2. Farbspray

Wenn du einen makellosen Farbauftrag bevorzugst, kannst du Farbsprays verwenden. Für einen matten Look empfehle ich Kreidefarben-„Chalk Spray". Achte darauf, aus circa 30 cm Entfernung dein fertiges Stück gleichmäßig zu besprühen. Auch bei dieser Technik wird ausschließlich die Oberfläche behandelt.

3. Pigmente

Pigmente werden direkt beim Anrühren in die Masse gegeben. Dein ganzes Objekt ist so durchgefärbt. Pigmente gibt es in flüssiger oder Pulverform im Handel zu kaufen.

WICHTIG

Je mehr Pigment, umso mehr Wasser musst du deiner Masse hinzufügen. Da musst du selbst etwas rumprobieren, Pigmente dicken die gießfähige Masse leicht an.

Mit Pigmenten kannst du zauberhafte Effekte erzielen, zum Beispiel tolle Marmor-Effekte und richtig farbenfrohe Gefäße.

HINWEIS

In diesem Buch habe ich unter anderem mit den flüssigen Pigmenten von VBS-Hobby und Jesmonite gearbeitet. Wer pastellige Töne haben möchte, dem kann ich die einzelnen Pigmente von VBS-Hobby wärmstens empfehlen. Wer es lieber intensiver mag, sollte auf die Pigmente von Jesmonite zurückgreifen. Das von mir verwendete Pigmentpulver findet ihr auf meiner Amazon-Storefront. Hier bedarf es viel Übung, weswegen es für Anfänger eher ungeeignet ist. Verwendest du zu viel Pulverpigment, kann die Gießmasse nicht mehr richtig aushärten. Die Stücke werden porös und färben dauerhaft ab.

WICHTIG

Spüle die Silikonformen direkt nach Verwendung unter warmem Wasser mit Spülmittel ab. Oft bleiben Rückstände der Pigmente an der Innenseite der Silikonform haften, und sie würden dein nächstes Projekt im schlimmsten Fall verfärben.

4. Stifte und Stempel

Wenn du deine fertigen Stücke gern noch bemalen möchtest, benötigst du wasserfeste Stifte. Alternativ kannst du auch Kreidemarker verwenden. Um diese dauerhaft haltbar zu machen, sollten sie anschließend noch mit Lack versiegelt werden.

Achte beim Stempeln darauf, wasserfeste Stempelkissen zu verwenden. Die gestempelten Motive sollten nach Trocknung auch versiegelt werden. So hast du lange Freude an deinen LIEBLINGSSTÜCKEN.

VERSIEGELUNG

FÜR DEINE GEGOSSENEN STÜCKE

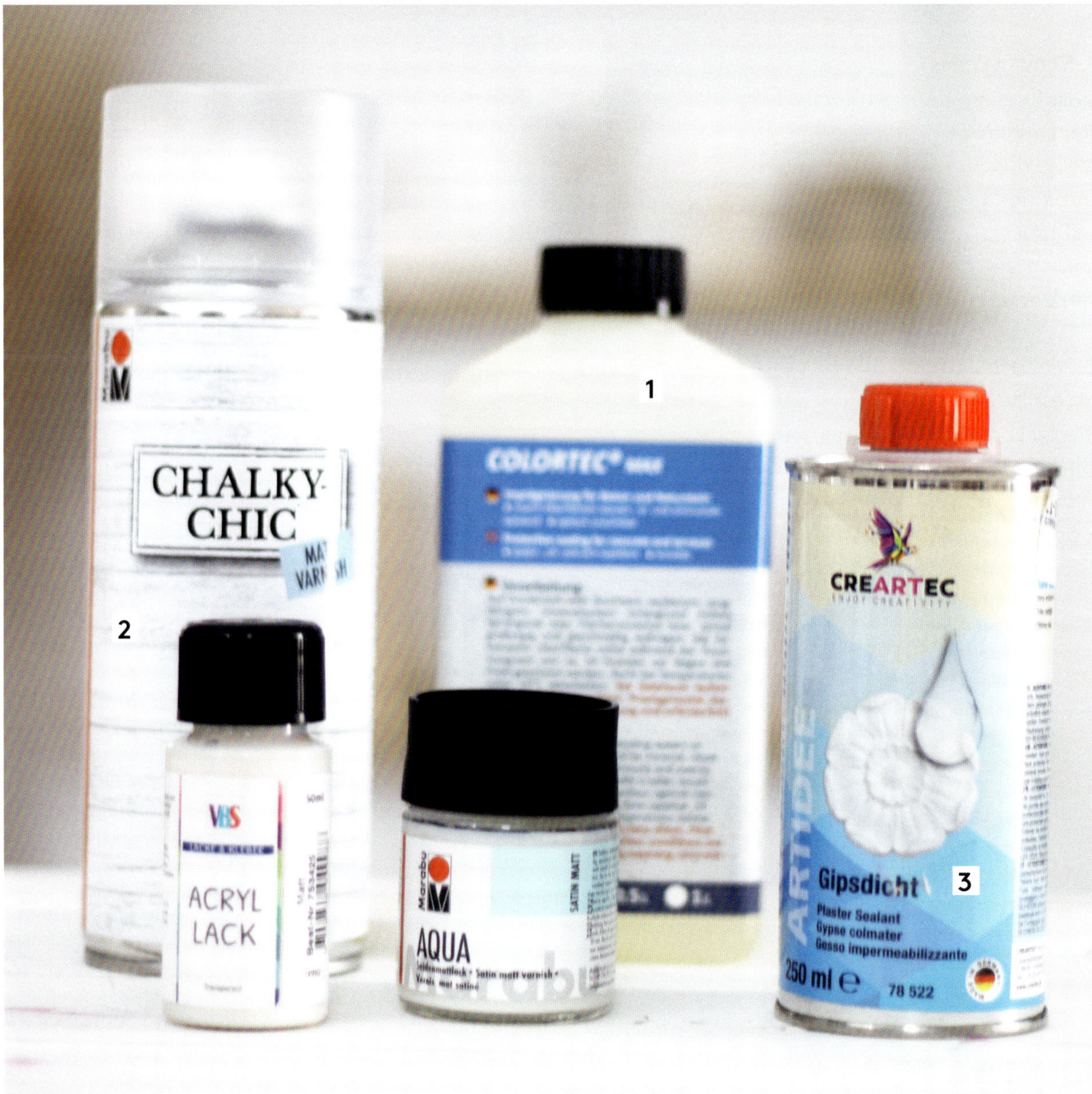

Eine Versiegelung verleiht deinen ohnehin schon strahlenden LIEBLINGSSTÜCKEN besonderen Glanz. Hier gibt es ganz unterschiedliche Arten von Produkten, die sich auch in der Verarbeitung unterscheiden.

1. Steinwachs

Es ist für alle Arten von Stein, wie zum Beispiel Speckstein, Alabaster und Serpentin, gedacht. So erhalten Steine durch die Behandlung mit Wachs wieder ihre Farbe und Glanz. Dasselbe passiert, wenn du deine LIEBLINGSSTÜCKE aus Raysin, Keraflott oder Keraquick damit bestreichst. Trage das Wachs in kreisenden Bewegungen mit einem weichen Tuch auf.

2. Varnish Lack zum Sprühen und Streichen

Diesen Lack gibt es in unterschiedlichen Ausführungen, zum Beispiel zum Sprühen in glänzend, seidenmatt und matt. Mit der Sprühdose gelingt das gleichmäßige Auftragen garantiert. So schützt du deine LIEBLINGSSTÜCKE vor Wind und Wetter.

Zum Auftragen mit dem Pinsel gibt es auch unterschiedliche Sorten von Schutzlacken. Diese nennen sich zum Beispiel Acryllack oder Aqua-Lack. Trotz unterschiedlicher Namen sind diese Lacke alle auf Wasserbasis und wetterfest.

3. Gipsdicht

Gipsdicht ist das ideale Produkt, um zum Beispiel selbst gegossene Vasen abzudichten. So kannst du sie auch mit Wasser und frischen Blumen bestücken. Hierfür schwenkst du dein gegossenes LIEBLINGSSTÜCK einfach von innen mit Gipsdicht aus. Der Vorgang muss gegebenfalls ein zweites Mal wiederholt werden. Sicher ist sicher. Alternativ kannst du das Gipsdicht auch mit einem Pinsel auftragen.

MENGEN
BERECHNEN

Die Frage aller Fragen. Zu viel Gießmasse angerührt zu haben ist ärgerlich, aber auch zu wenig Gießmasse kann verärgern, da dann oft ein Absatz zwischen den Einfüllmengen sichtbar bleibt.

Für alle Massen auf Gipsbasis und Jesmonite kannst du dir die Menge wie folgt ausrechnen:

Stelle deine Silikonform auf eine Küchenwaage, sodass diese 0 Gramm anzeigt. Befülle die Form mit klarem Wasser.

Teile die eingefüllte Menge Wasser durch 2.

Je nach Angaben des Herstellers musst du nun die geteilte Menge Wasser mit dem Teil an Pulver multiplizieren.

Beispiel: Deine gefüllte Form mit Wasser wiegt 60 g. Nun teilst du 60 : 2 = 30 g. Diese 30 g werden nun mit dem Pulveranteil auf der Umverpackung des Herstellers multipliziert. Bei Raysin wären das 2,5. 30 g Wasser x 2,5 = 75 g. Diese Menge an Pulver wird nun mit den 30 ml Wasser vermengt und sollte für deine Form ausreichen.

TIPP

Bei Keraquick und Keraflott die abgewogene Masse Wasser abrunden. Da bleibt meist ein wenig Gießmasse übrig. Das liegt am Mischverhältnis.

TIPP

Wenn du mit Jesmonite arbeitest, findest du unter diesem Link den Jesmonite Generator, dieser berechnet dir die Menge, die du benötigst: www.jesmonitecalculator.com

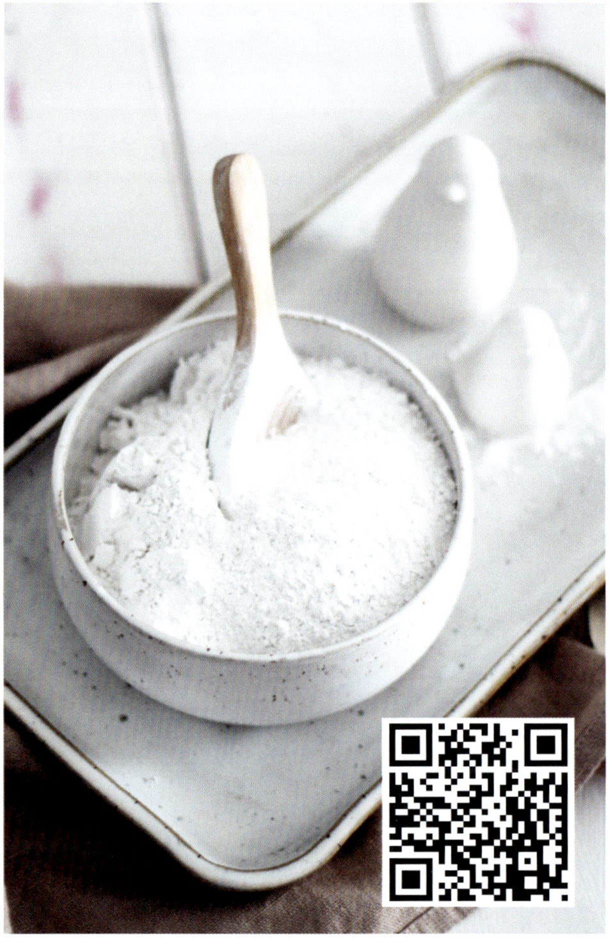

WOHIN MIT DEN
RESTEN

Reste der angerührten Massen lässt du in den Mischbehältnissen eintrocknen und entsorgst sie anschließend im Hausmüll.

Werkzeuge werden niemals unter dem Wasserhahn aus- oder abgewaschen. Stelle dir einen Eimer mit Wasser bereit, in dem spülst du nach getaner Arbeit deine Werkzeuge ab.

Die Reste der Massen setzen sich am Boden des Eimers ab. Das kann durchaus einige Tage dauern. Danach kippst du das Wasser in ein anderes Behältnis und wischst den verwendeten Eimer mit Küchentüchern aus. Diese entsorgst du anschließend im Hausmüll.

Zu schade zum Entsorgen?
Es gibt Silikonformen für Buchstaben-Perlen. Die kleinen Perlen können super für personalisierte Geschenke verwendet werden.

Du kannst die Reste auch in größere Silikonformen füllen und so lange die Reste aufkippen, bis die Form gefüllt ist. Die einzelnen Schichten ergeben ein interessantes Muster.

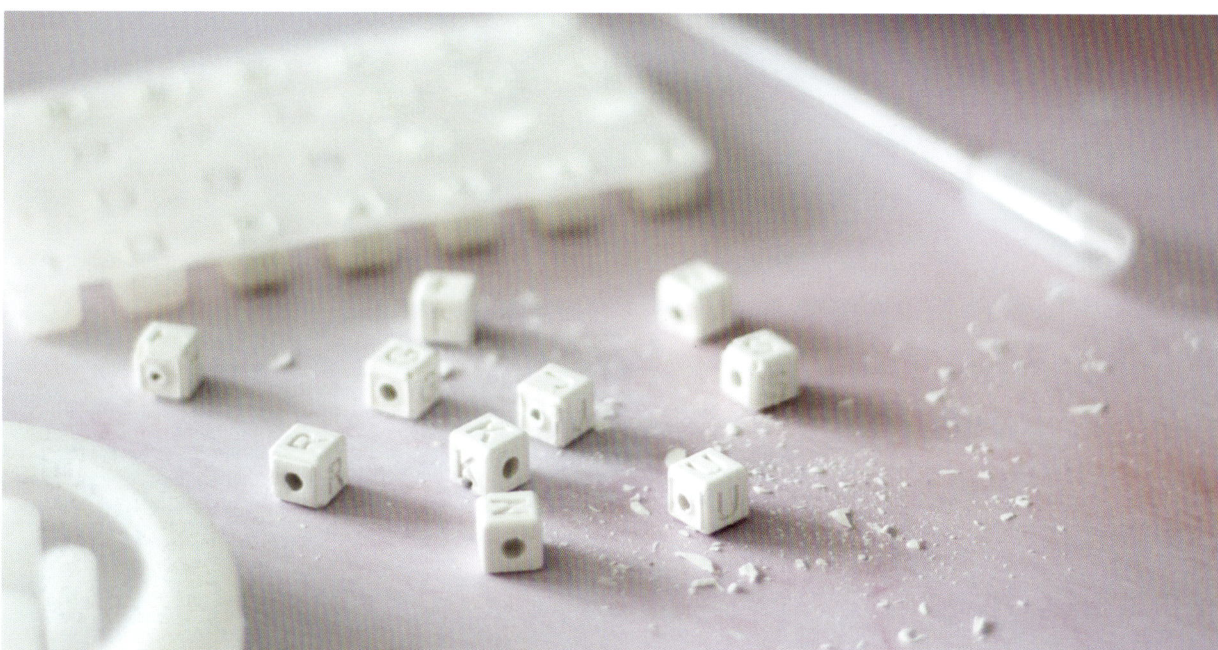

HERSTELLUNG EIGENER SILIKONFORMEN/ ABFORMEN

Abformsilikon besteht oft aus zwei Komponenten, die gut miteinander vermischt werden müssen. Für die Herstellung von Silikonformen ist Silikonkautschuk das Grundmaterial, das es auch im Fachhandel zu kaufen gibt. Hierbei ist der Härtegrad, der in Shore angegeben wird, ausschlaggebend. Je höher dieser Wert ist, desto geringer ist die Elastizität.

ACHTUNG

Saugfähige Materialien wie Holz sollten vor dem Abformen gleichmäßig mit Trennmittel eingesprüht werden.

Für den abzuformenden Gegenstand suchst du dir zuerst eine geeignete Verpackung, die etwas größer und höher als der Gegenstand selber ist. Das können leere Chipsdosen, Joghurtbecher, Milchkartons oder Ähnliches sein. Zusätzlich benötigst du ein Stück stabile Pappe und Heißkleber. Wichtig bei der Wahl des „Rahmens" ist, dass nichts auslaufen kann und der Gegenstand vollständig umschlossen wird.

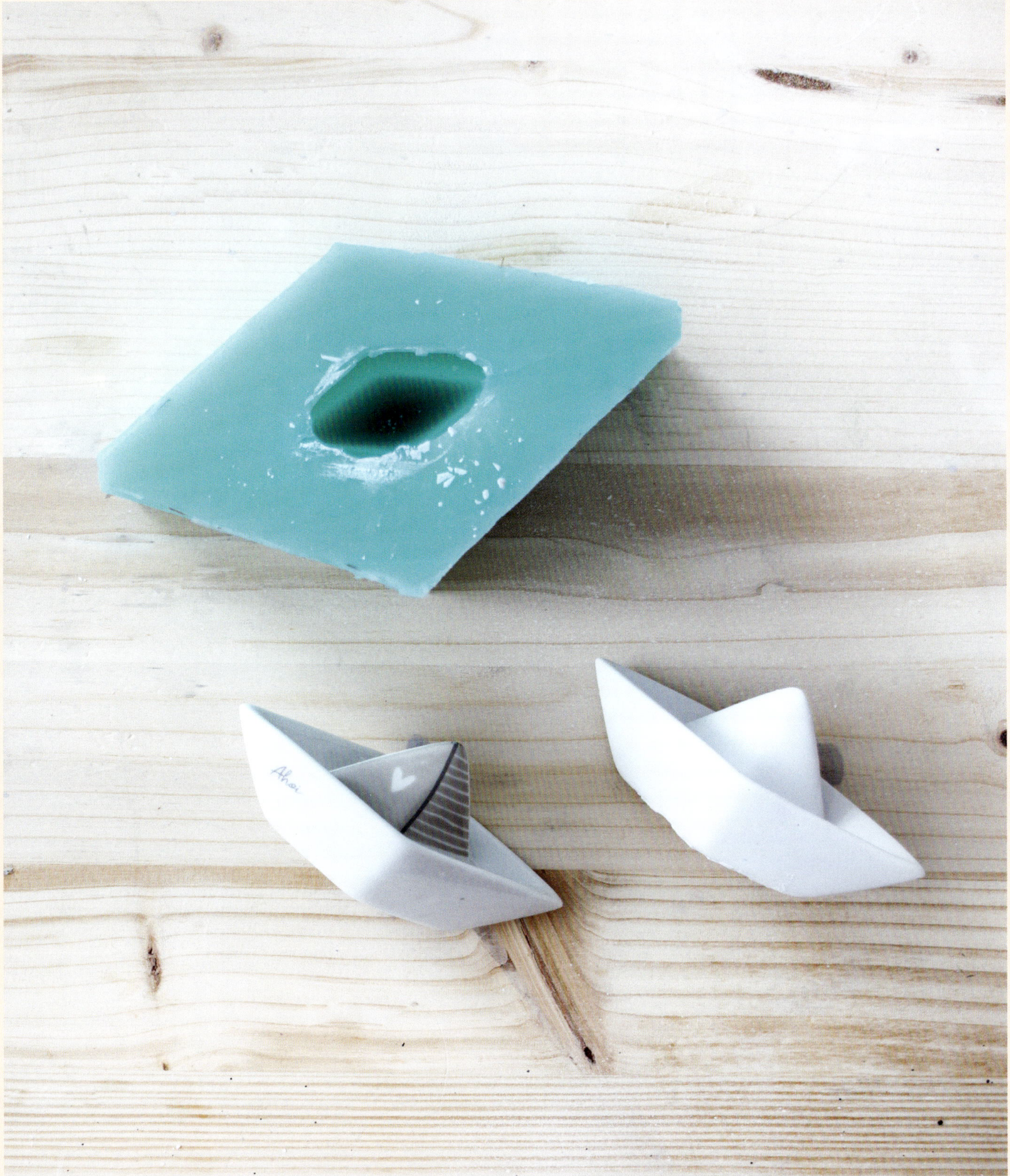
Ahoi

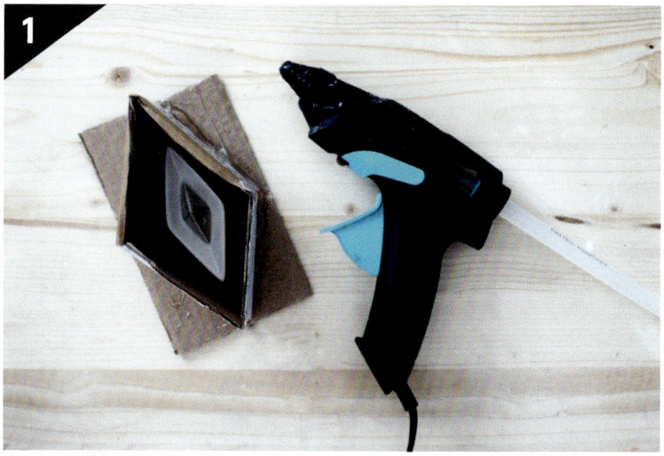

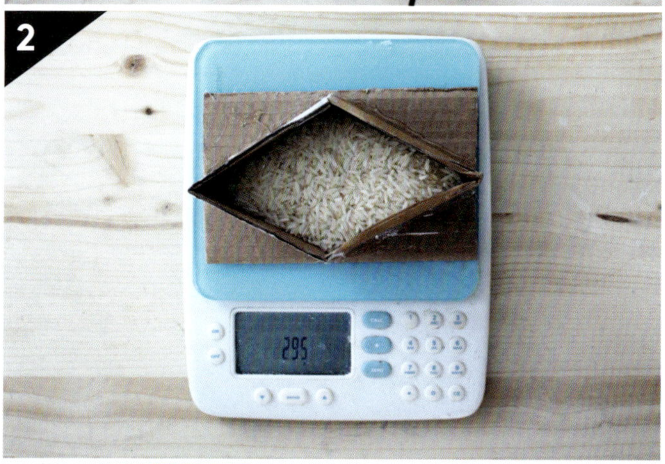

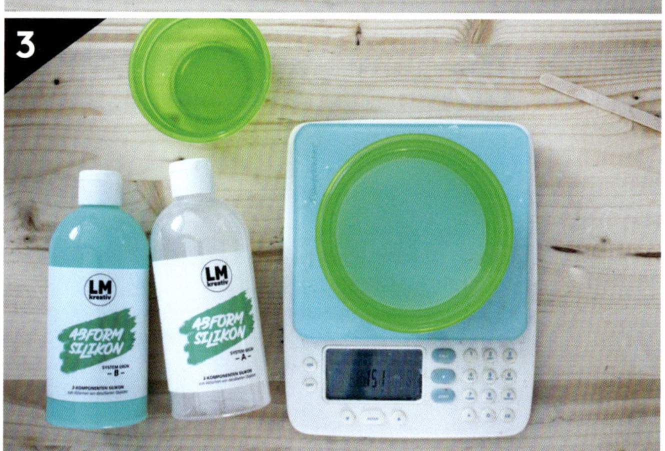

SO WIRD'S GEMACHT

1 Die Pappe auf Größe des Bodens der zu füllenden Form zuschneiden. Auf der zugeschnittenen Pappe mittig das Objekt platzieren. Baue dir eine Wand aus Pappe und klebe sie auf dem Boden auf.

2 Ermittle nun die benötigte Menge zum Einfüllen in die Form. Hierfür nutzt du am besten Reis. Fülle ihn in die Form und wiege ihn im Anschluss ab. Für meine Form habe ich auf 300 g aufgerundet.

3 Wiege nun beide Komponenten in unterschiedlichen Behältnissen ab, sodass beide zusammen die gewogene Menge an Reis ergeben, bei mir sind es je 150 g. Da es nur eine Richtlinie ist, kann es durchaus vorkommen, dass du dir etwas zu viel oder zu wenig angerührt hast.

4 Mische beide Komponenten für mindestens 5 Minuten miteinander. Sollten Lufteinschlüsse entstehen, klopfe sie heraus. Fülle damit die vorbereitete Form, sodass der Gegenstand vollständig bedeckt ist. Solltest du zu wenig angerührt haben, mische dir nochmals eine kleine Menge der beiden Komponenten an.

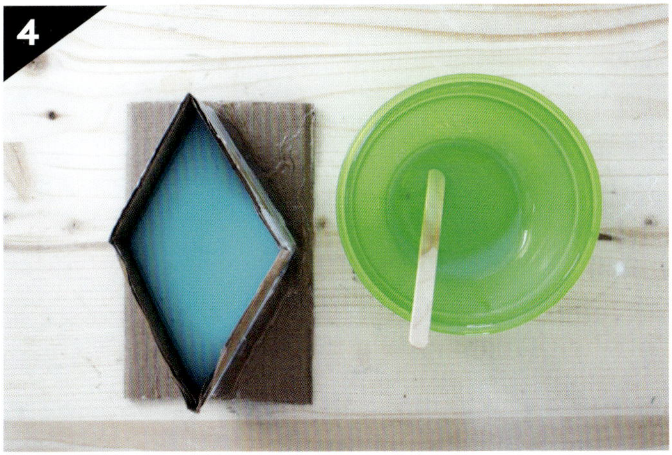

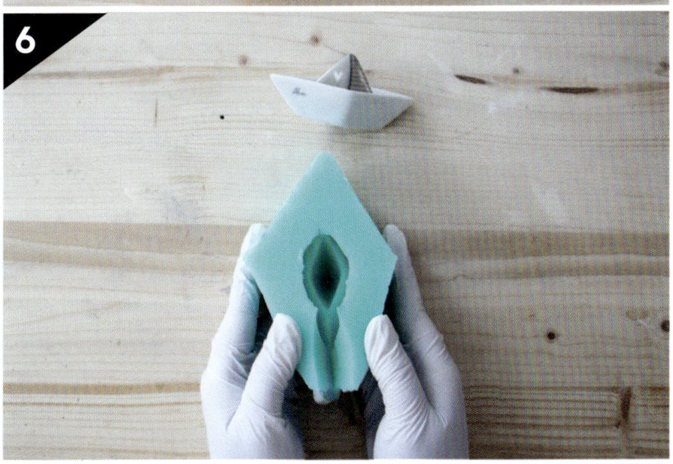

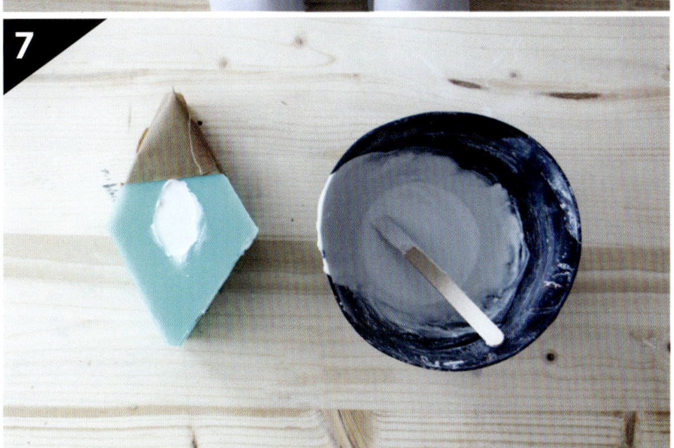

5 Wie lange das Silikon aushärten muss, kommt auf die verwendete Menge an und kann bis zu 24 Stunden dauern. Ob das Silikon bereits ausgehärtet ist, kannst du überprüfen, indem du mit dem Finger leicht in das Silikon drückst. Die beste Temperatur zum Verarbeiten und für die Trocknung des Silikons liegt zwischen 18 und 22 °C.

6 Nachdem das Silikon getrocknet ist, kannst du das Gerüst um dein abgeformtes Element entfernen. Bei sehr detailreichen Elementen empfehle ich dir, die Silikonform seitlich einzuschneiden, so lassen sich deine gegossenen Elemente besser entfernen.

7 Danach ist deine eigene Silikonform einsatzbereit. Wenn du die Form einschneiden musstest, empfehle ich dir den Schnitt mit einer Schnur oder rundum mit Klebeband zu fixieren, da die Gießmasse sonst in den Einschnitt laufen könnte.

TIPP

Die Reste des Silikons in den verwendeten Mischbehältern einfach eintrocknen lassen und dann herausziehen. Das gelingt rückstandsfrei.

BEACHTE

Um keine Design- oder Urheberrechte zu verletzen sind abgeformte Elemente nur für den Eigenbedarf bestimmt.

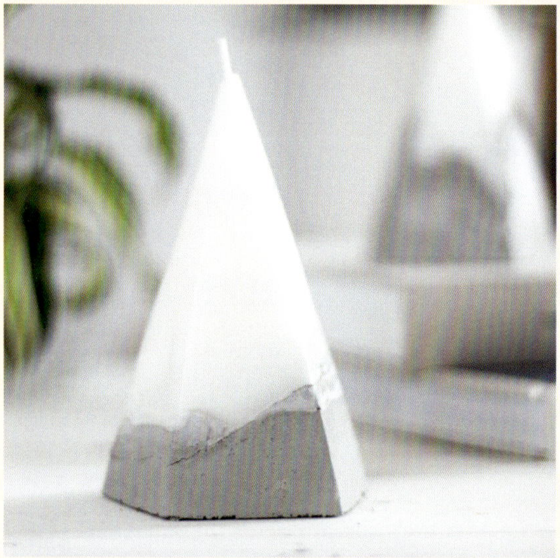

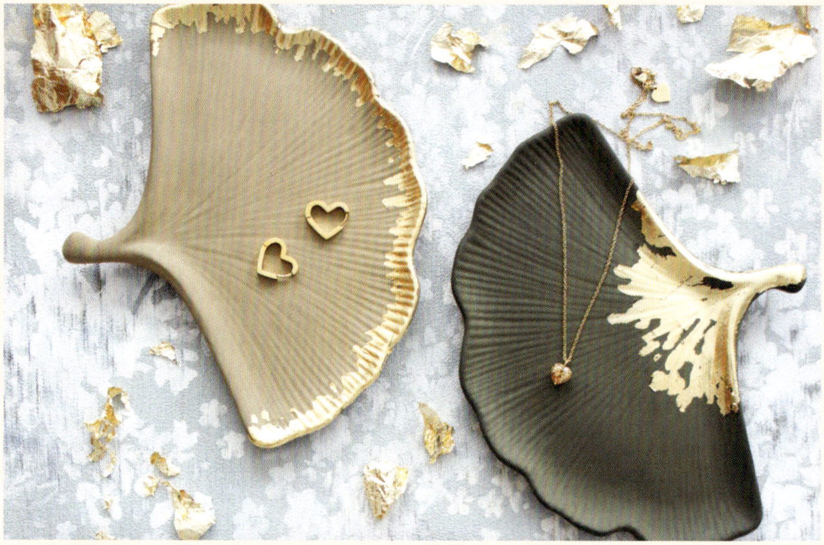

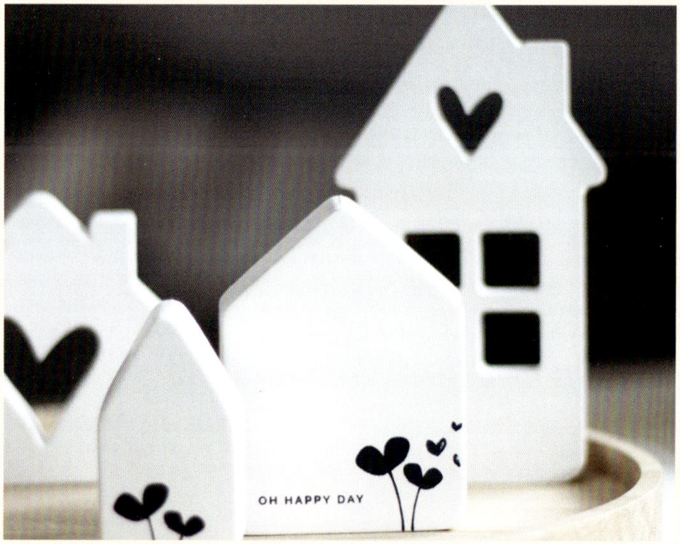
OH HAPPY DAY

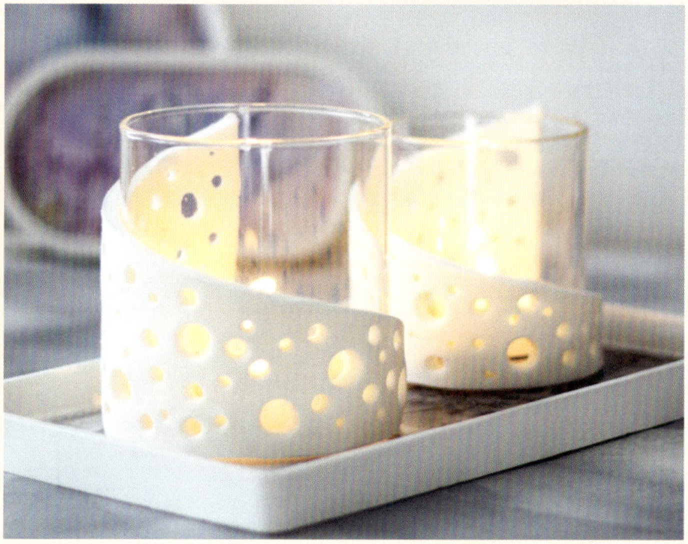

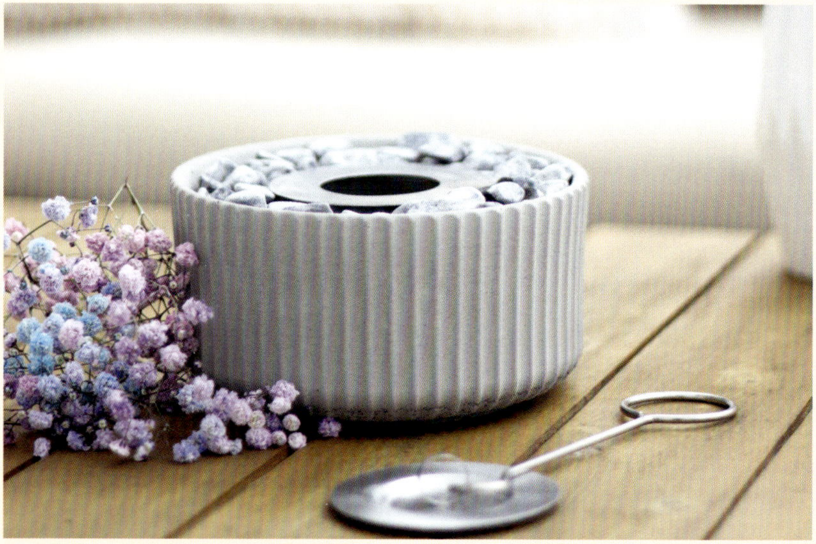

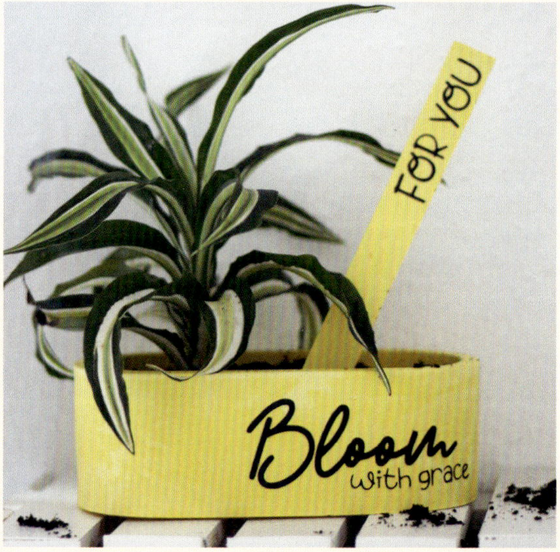
FOR YOU
Bloom
with grace

PROJEKTE

RAYSIN

UNTERSETZER

MIT MARBLE-EFFEKT

MATERIAL

- 85 g Raysin
- 27 g Wasser
- Mischbecher und Stäbchen
- Silikonform Sechseck (Ø 114 mm von Spitze zu Spitze von Amazon)
- Schleifpapier, fein
- Farbspray Marble
- selbstklebende Kreise aus Kork

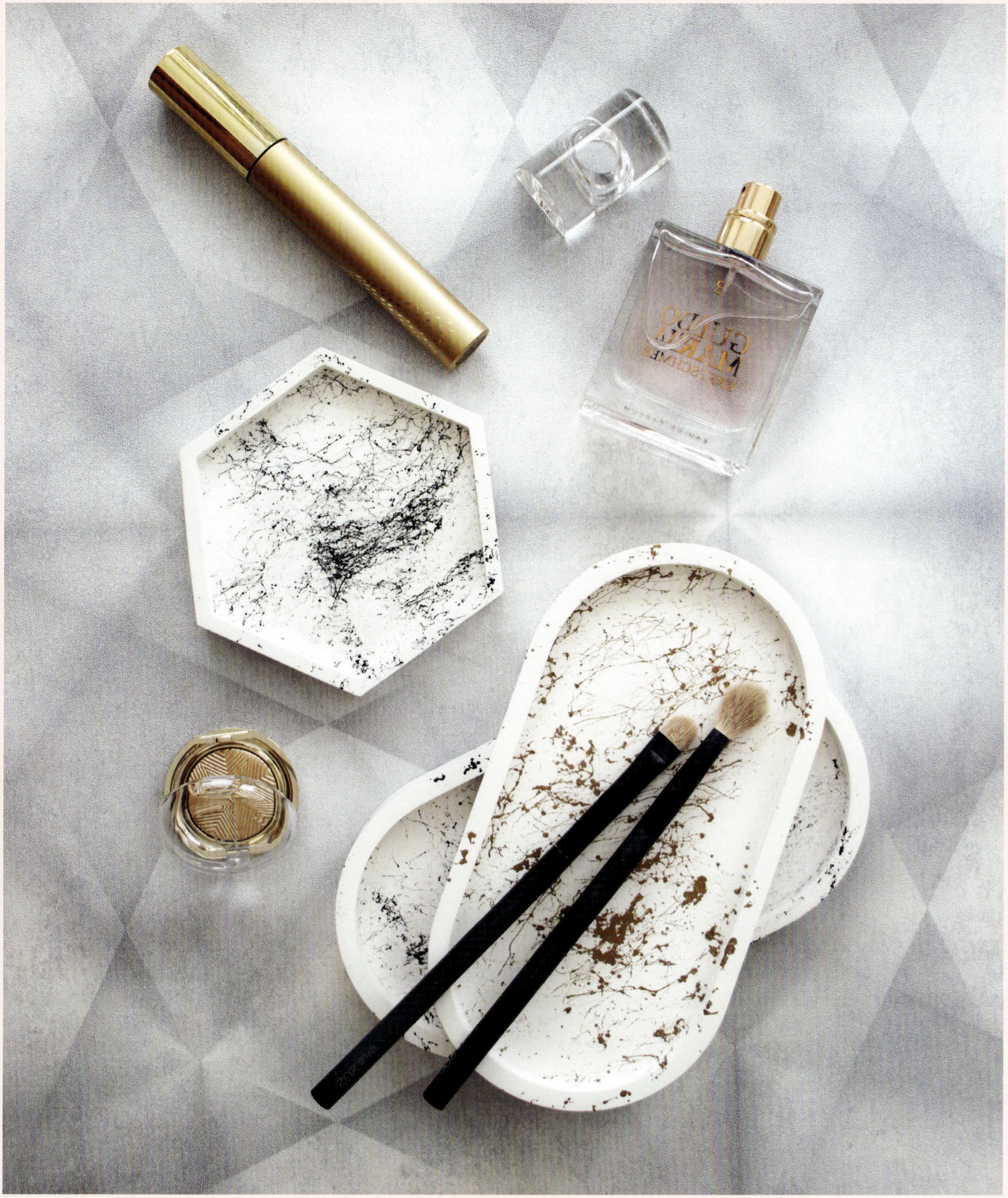

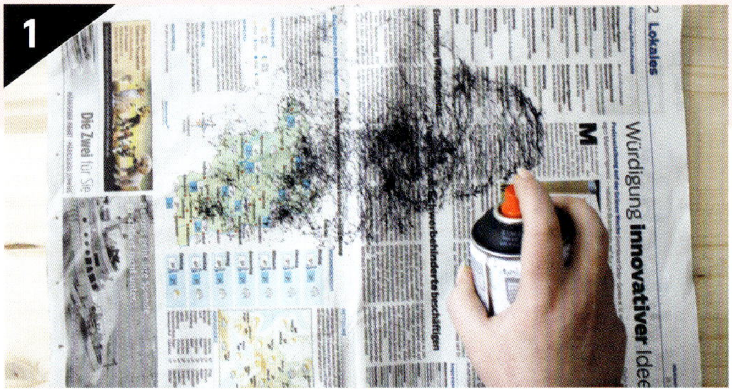

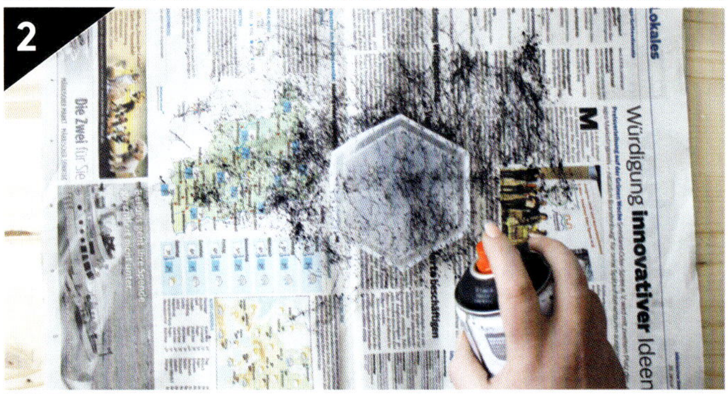

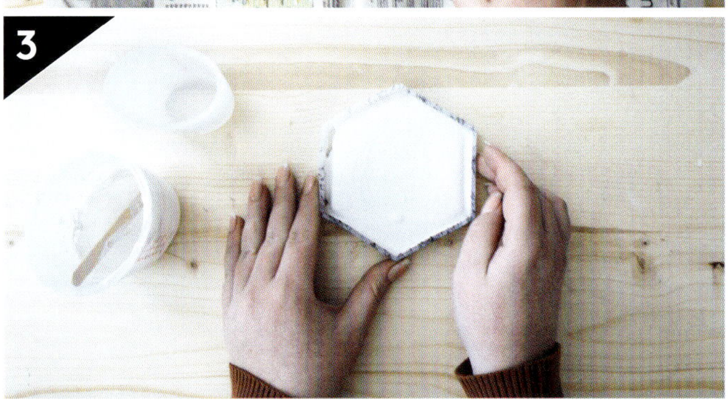

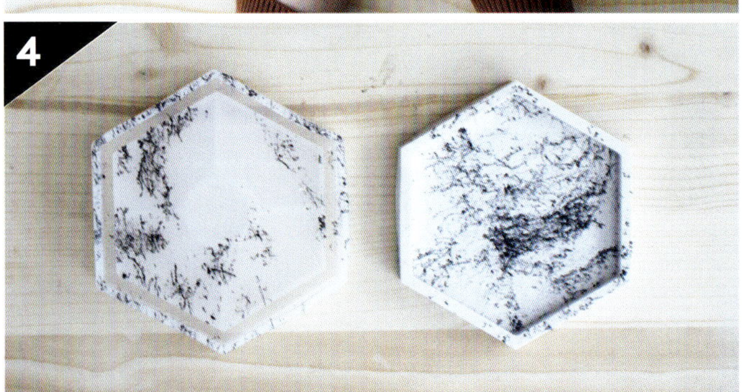

SO WIRD´S GEMACHT

1 Lege deinen Arbeitsplatz mit Zeitungspapier aus und sprühe zur Probe ein paar Mal das Marble-Effekt-Spray auf Zeitungspapier.

2 Nachdem du dich mit dem Farbspray vertraut gemacht hast, kannst du es direkt in deine Silikonform sprühen. Achte darauf, die Farbe nicht zu dick in die Silikonform zu sprühen, zu dicke Farbkleckse haften zu stark in der Form und gehen nicht ins Raysin über.

3 Stelle die besprühte Form beiseite und rühre währenddessen 85 g Raysin mit 27 g Wasser an und gieße das Gemisch in die Silikonform. Klopfe ein paar Mal leicht gegen die Form, um eventuellen Lufteinschlüssen vorzubeugen. Den Untersetzer für mindestens 1 Stunde in der Form ruhen lassen.

4 Nach 1 Stunde kannst du den Untersetzer aus der Silikonform herauslösen. Mit warmem Wasser, etwas Spülmittel und einem Schwamm können Reste des Farbsprays aus der Form herausgewaschen werden. Der Untersetzer sollte jetzt flach liegend für einen Tag komplett durchtrocknen.

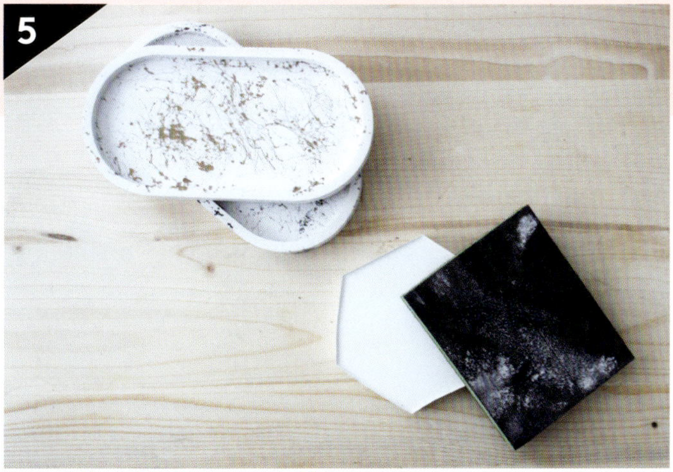

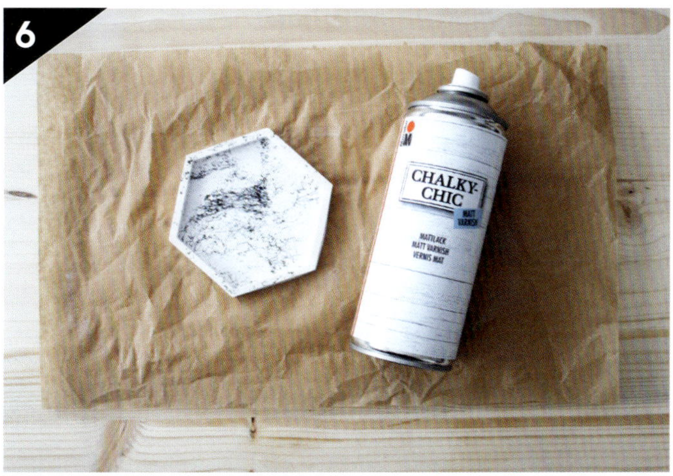

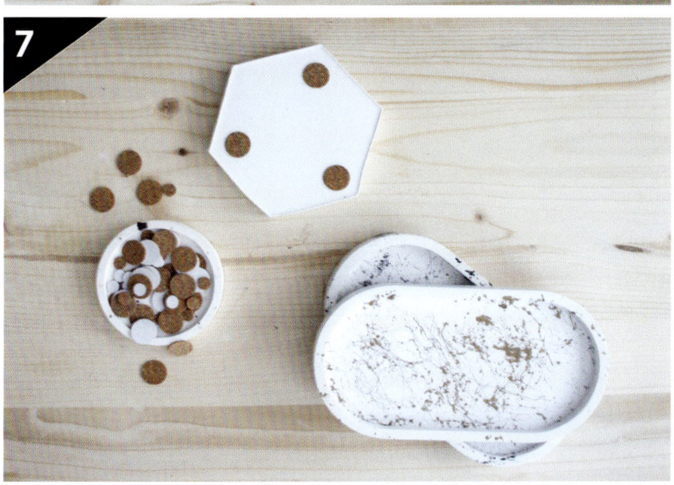

5 Wenn der Untersetzer vollständig durchgetrocknet ist, wird die Unterseite des Untersetzers mit feinem Schleifpapier glatt geschmirgelt und die letzten Staubpartikel werden mit einem leicht angefeuchteten Tuch entfernt. Nun nochmals trocknen lassen.

6 Dann kann das Finish Spray gleichmäßig über den gesamten Untersetzer gesprüht werden. Erneut gut trocken lassen.

7 Zum Abschluss werden drei kleine Kreise aus selbstklebendem Kork auf die Unterseite geklebt.

BLATTSCHALE

MIT GOLDRAND

MATERIAL

- 150 g Raysin
- 45 g Wasser
- Mischbecher und Stäbchen
- Silikonform Blatt (Amazon)
- Blattmetall in Gold
- Haftgrund für Blattmetall
- Pinsel
- Acryllack matt
- Farbspray
- Schleifpapier, fein

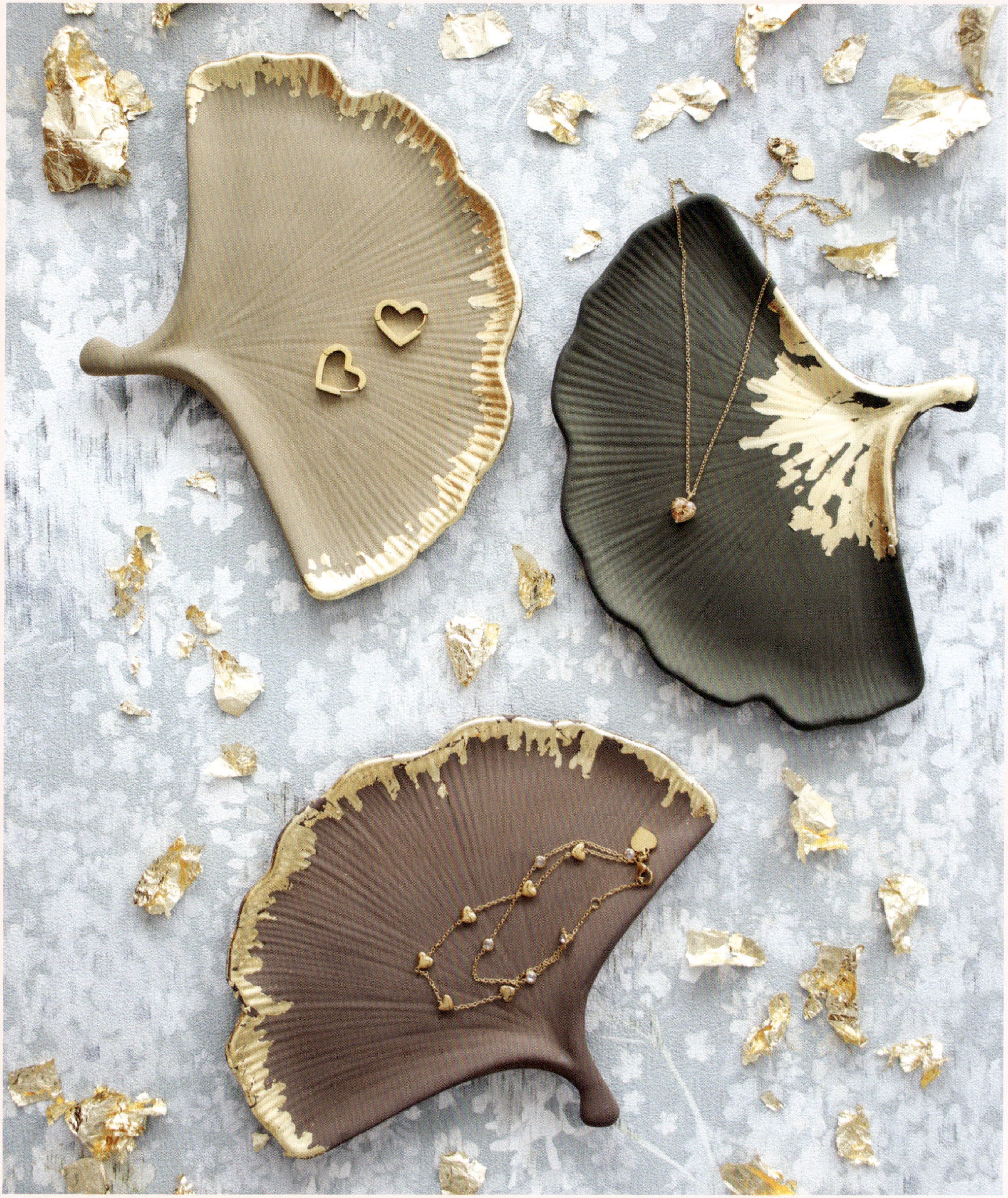

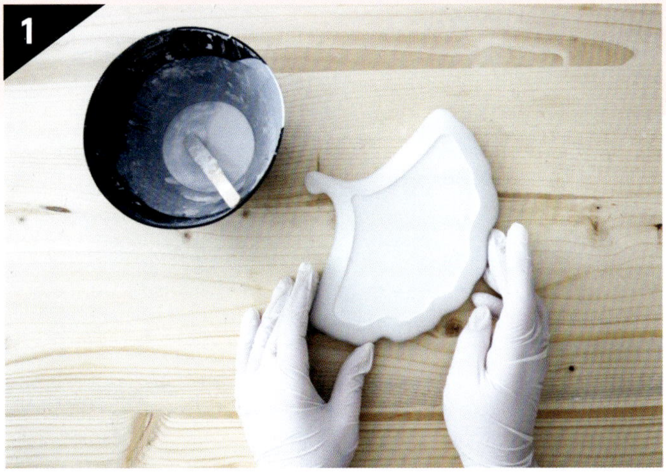

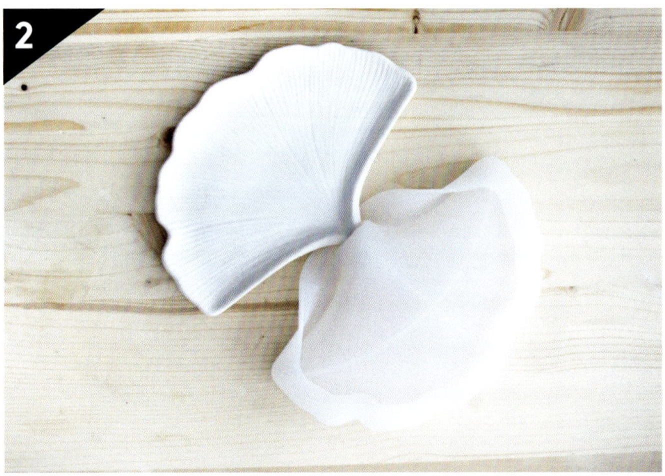

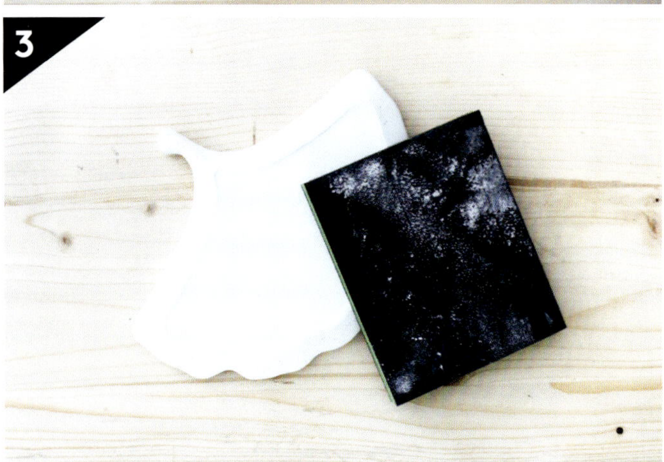

SO WIRD'S GEMACHT

1 Rühre für die Blattschale 45 g Wasser in 150 g Raysin klümpchenfrei an. Gieße die Masse in die Silikonform und klopfe für ein paar Minuten die Lufteinschlüsse vorsichtig heraus. Sie sammeln sich besonders gern im Strunk des Blattes.

2 Nach zwei Stunden kann das Blatt aus der Silikonform herausgelöst werden. Bevor es weiterverarbeitet werden kann, für 24 Stunden vollständig auf einem Kuchengitter aushärten lassen. Arbeite dich beim Herauslösen vom Blatt zum Strunk hin, da letzterer schnell brechen kann.

3 Die Unterseite des Blattes mit Schleifpapier glatt schleifen. Wische die Staubreste mit einem feuchten Lappen ab und warte kurz, bis die Oberfläche wieder trocken ist.

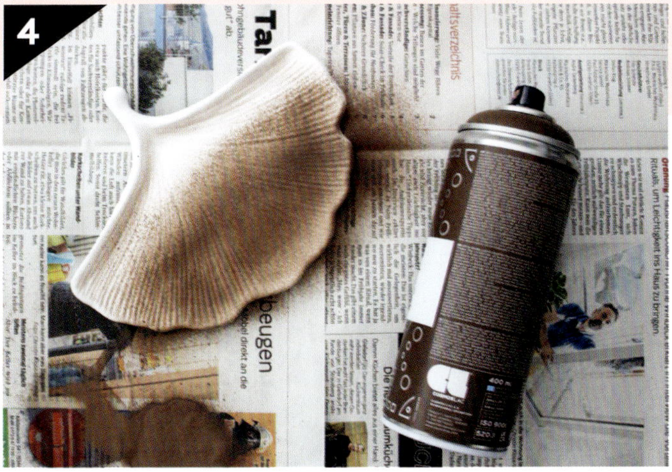

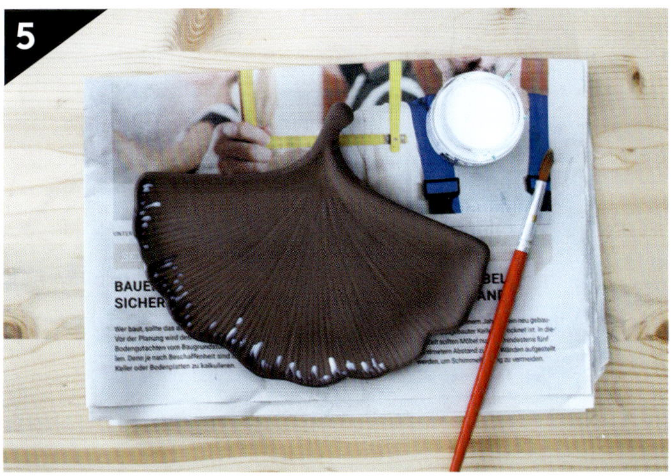

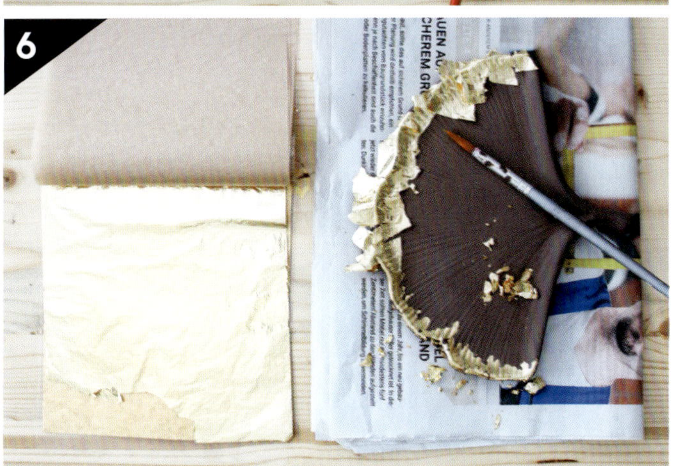

4 Besprühe die Oberseite des Objekts gleichmäßig mit Farbspray. Nach dem Trocknen dann die Unterseite. Wenn du die Schale versiegeln möchtest, kannst du sie nach der Trocknung des Farbsprays mit mattem Acrylspray besprühen.

5 Trage mit einem feinen Pinsel den Haftgrund für Blattmetall entlang des Blattrandes auf und warte 10 Minuten.

6 Lege das Blattgold auf den bemalten Rand auf und streiche das Blattgold mit einem weichen Pinsel glatt. Entferne den Rest mit einem trockenen weichen Pinsel. Danach ist deine Blattschale fertig.

XXL-TABLETT

MIT 3D-EFFEKT

MATERIAL

- 560 g Raysin
- 180 g Wasser
- Mischbecher und Stäbchen
- Silikonform XXL-Tablett Ø 30 cm (Marke: Beton In Form)
- Grauschablone
- Schneidemaschine (Plotter)
- Übertragungsfolie oder Pinzette
- Vorlage
- Schleifpapier, fein
- eventuell Lack oder Farbspray

HINWEIS

Für das mittlere Tablett Ø 25 cm (Marke: Beton in Form) werden 460 g Raysin und 130 g Wasser benötigt.

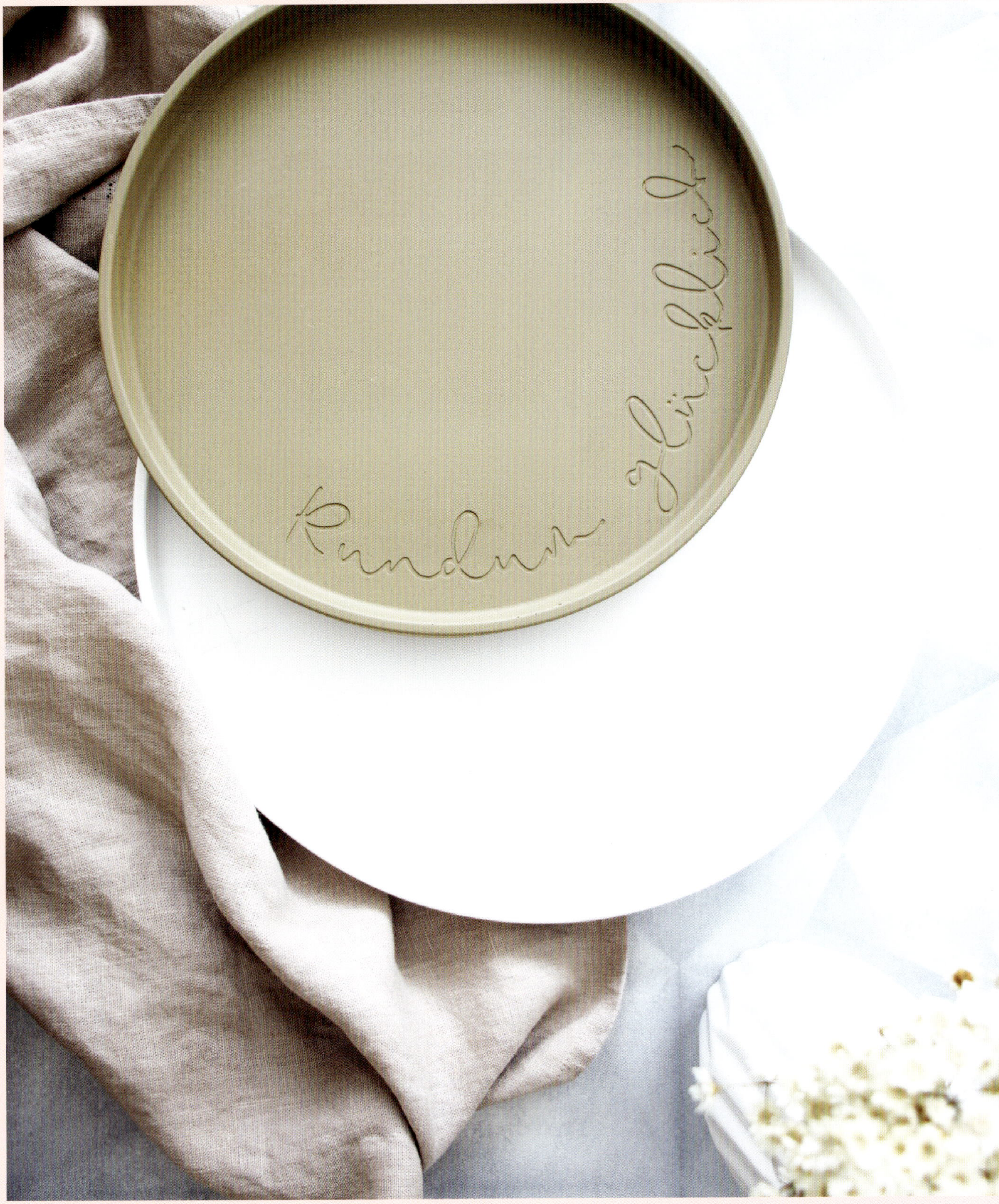
Rundum glücklich

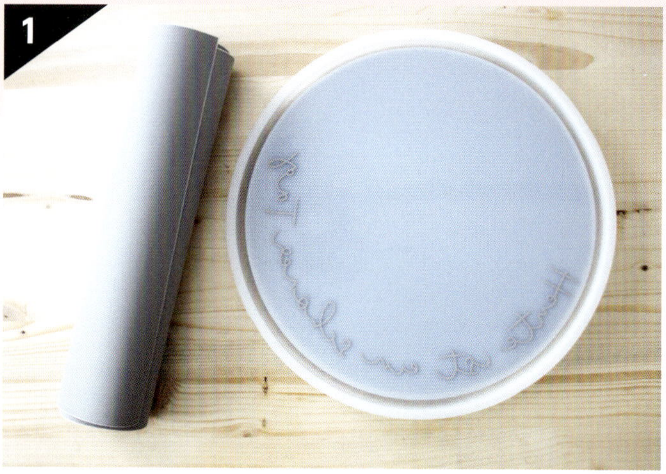

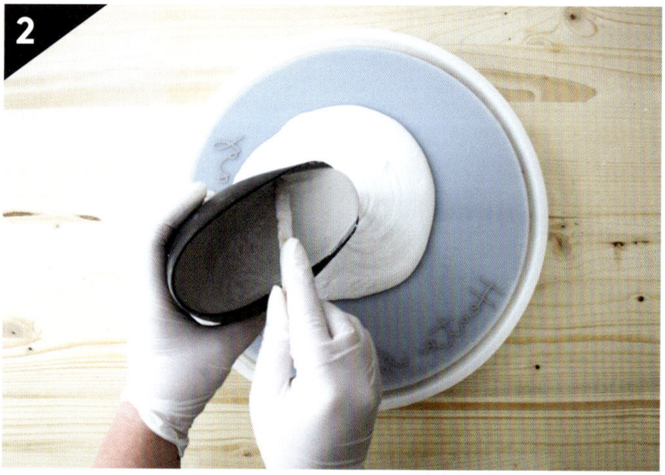

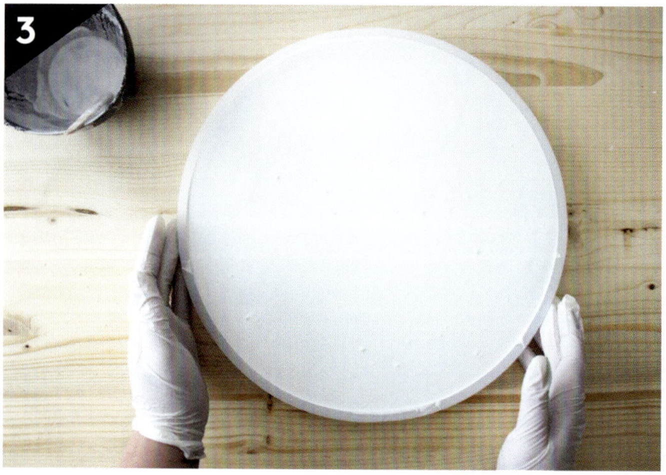

SO WIRD'S GEMACHT

1 Schneide die Projektvorlage mit der Schneidemaschine aus und klebe sie mithilfe von Übertragungsfolie in die Silikonform hinein. Wenn du geübt bist, kannst du die einzelnen Buchstaben mithilfe einer Pinzette direkt in die Form kleben.
Die Silikonform sollte staubfrei sein, damit die Grauschablone einwandfrei haften kann.

2 Rühre die Gießmasse an und verteile sie vorsichtig erst über dem Schriftzug und dann auf dem ganzen Tablett.

3 Danach kannst du behutsam an den Außenwänden zupfen und klopfen, um das Raysin gleichmäßig in der großen Silikonform zu verteilen. Das Tablett lässt du nun an Ort und Stelle trocknen.

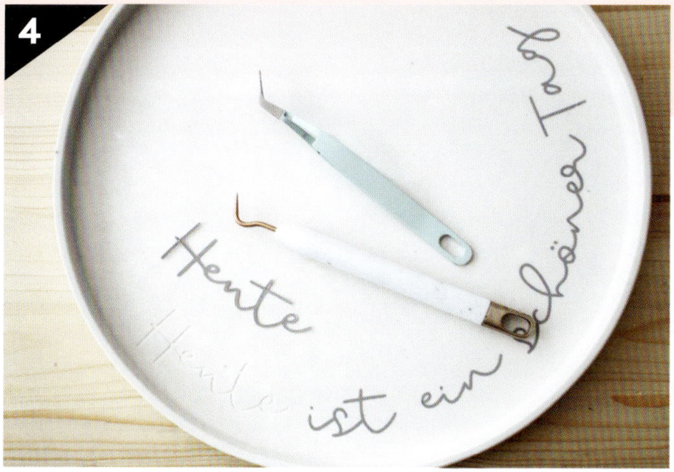

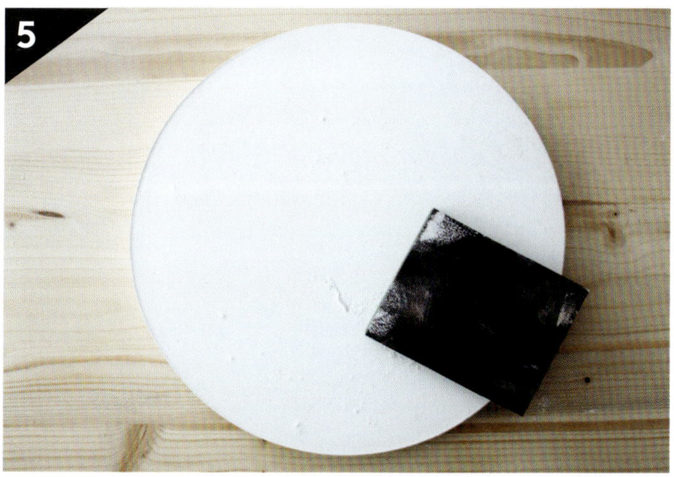

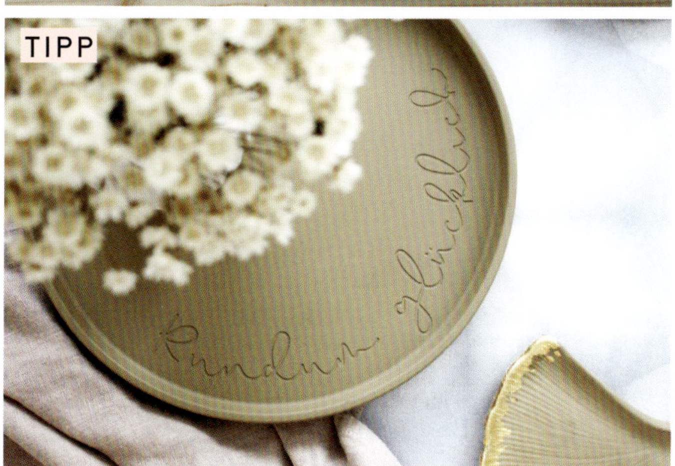

4 Löse das Tablett nach circa 3 Stunden aus der Silikonform und entferne vorsichtig die Grauschablone mit Pinzette oder Haken. Danach lässt du das Tablett für 24 Stunden auf einem Kuchengitter vollständig austrocknen.

5 Nach der Trocknungszeit die Ränder mit Schleifpapier glatt schmirgeln. Bei Bedarf kannst du das Tablett mit Lack versiegeln.

TIPP

Du kannst das Tablett auch farbig mit mattem Farbspray besprühen.

MINI-TABLETT

ZWEIFARBIG MIT BRUCH

MATERIAL

- 250 g Raysin
- 75 g Wasser
- Farbpigment, flüssig
- Mischbecher und Stäbchen
- Silikonform Tablett
  Ø 17 x 2 cm
  (Marke: Beton In Form)
- Schleifpapier, fein
- Klebepunkte aus Kork

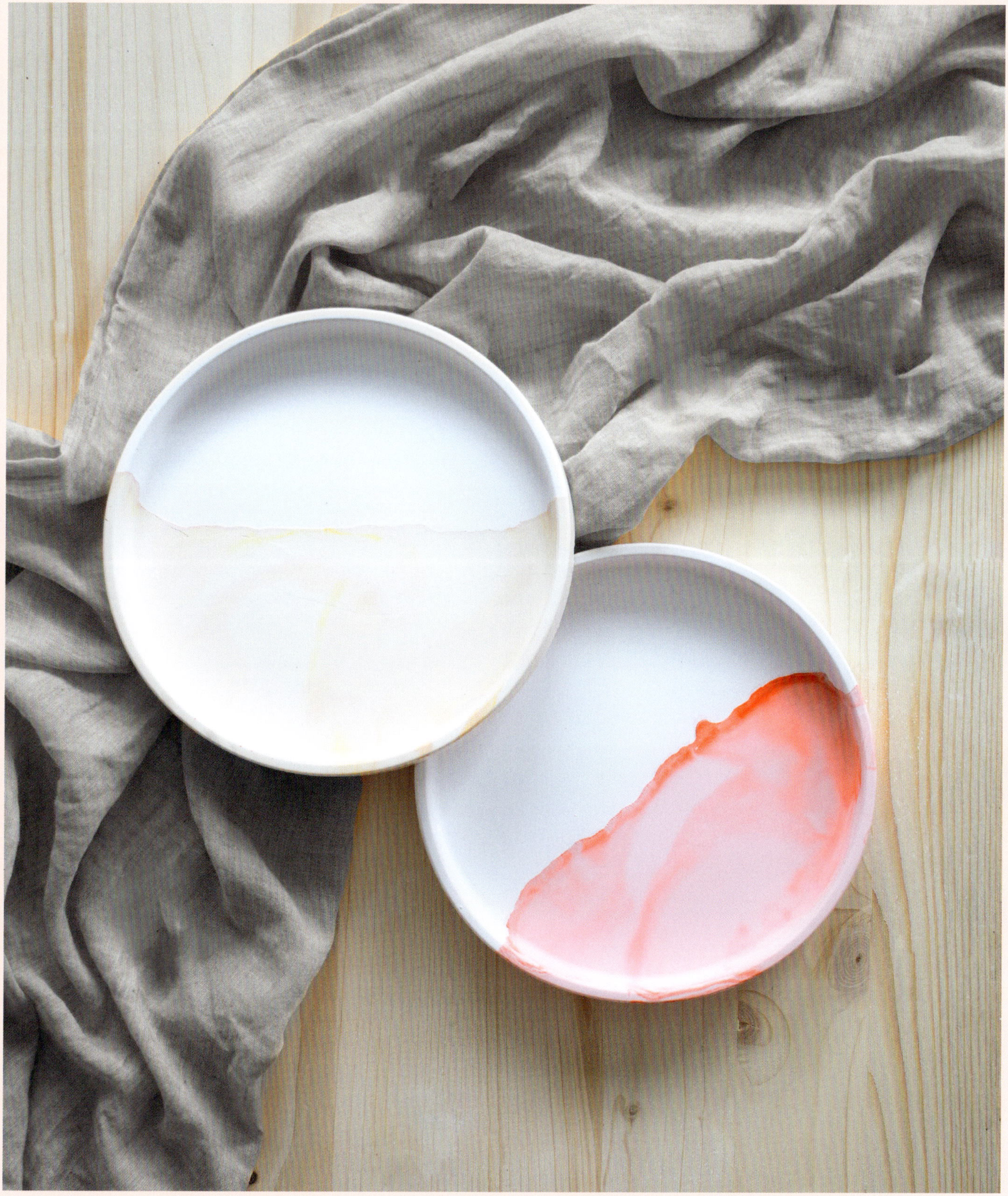

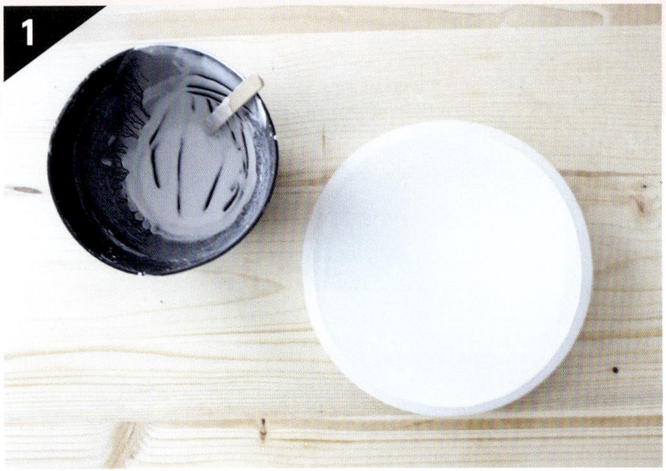

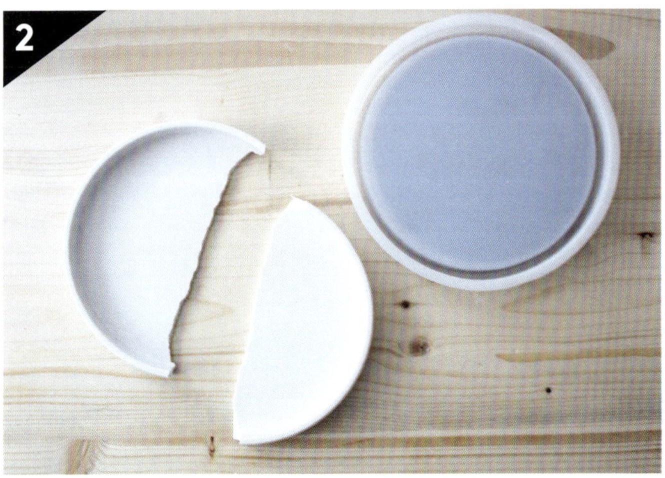

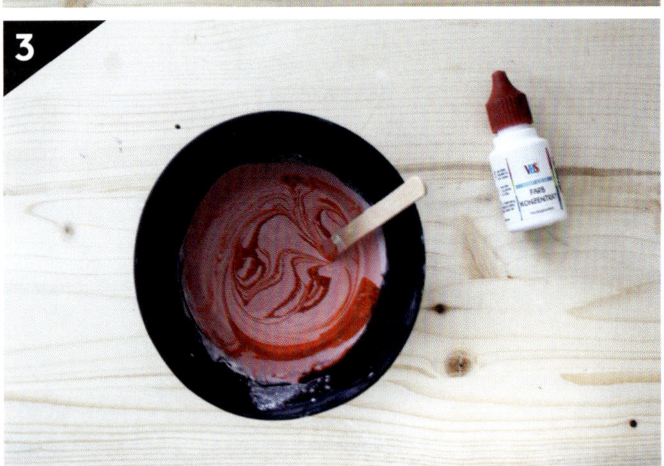

SO WIRD'S GEMACHT

1 Rühre 75 g Wasser in 250 g Raysin ein, sodass eine klümpchenfreie Masse entsteht, und befülle damit das erste Mal die Silikonform. Klopfe anschließend die Lufteinschlüsse aus und lasse die Masse in der Form härten.

2 Nach circa 30 Minuten wird das Raysin warm. Dies ist ein Zeichen dafür, dass es anfängt auszuhärten. Löse das Tablett aus der Silikonform und brich es einmal mittig durch.

3 Mische dir jetzt noch einmal die Hälfte der oben angegebenen Raysin-Wasser-Menge und färbe es mit 12 Tropfen des flüssigen Pigments ein. Verrühre es kräftig mit dem Raysin. Anschließend tropfst du ein weiteres Mal 6 Tropfen Pigment ein und rührst es nur ein paar Mal um, sodass noch Schlieren zu sehen sind.

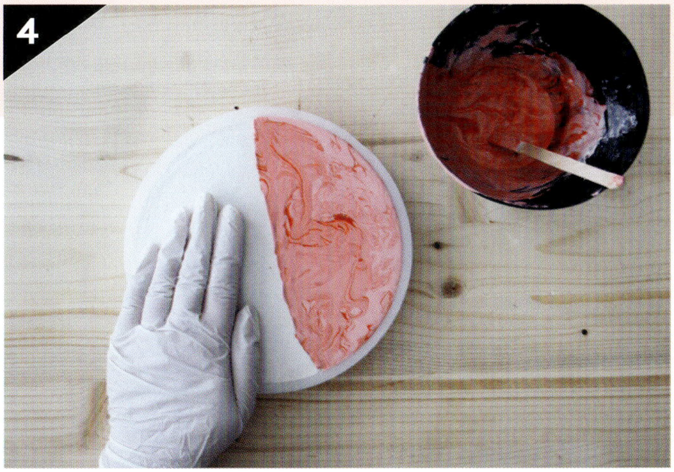

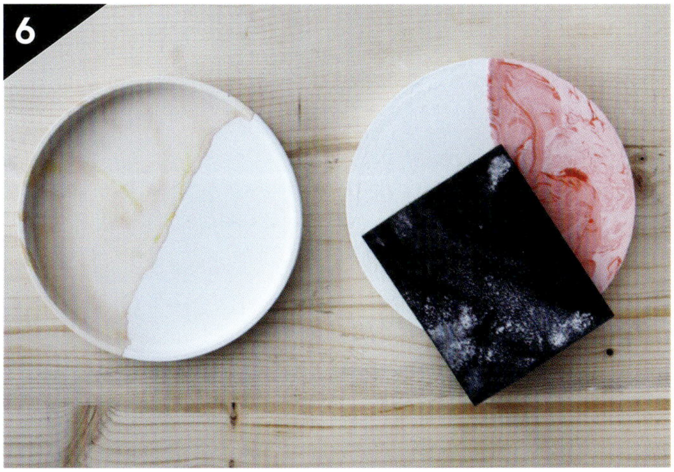

4 Lege eins der zerbrochenen Teile des Tabletts zurück in die Form und fülle sie mit der gefärbten Gießmasse auf. Fixiere dabei das bereits gehärtete Teilstück mit der anderen Hand.

5 Die Gießmasse nochmals für eine Stunde antrocknen lassen. Danach kannst du das Tablett vorsichtig aus der Form lösen und es zum Aushärten für 24 Stunden auf ein Kuchengitter legen. Für ein zweites Tablett wiederhole die Schritte 3 bis 5.

TIPP

Verwende für das zweite Tablett einfach eine andere Pigmentfarbe. So bekommst du eine schöne Farbvielfalt.

6 Nach dem Aushärten schleifst du die Unterseite, und wenn nötig, auch den Übergang auf dem Tablett glatt. Optional kannst du es danach mit Lack überziehen.

HÄUSER

MIT STEMPELDETAILS

MATERIAL

- 550 g Raysin
- 160 g Wasser
- Mischbecher und Stäbchen
- Gießform Häuser 4er (Marke: Rayher)
- Stempel
- wasserfeste Stempelfarbe z. B. StazOn (findest du auf meiner Amazon-Storefront)
- Schleifpapier, fein

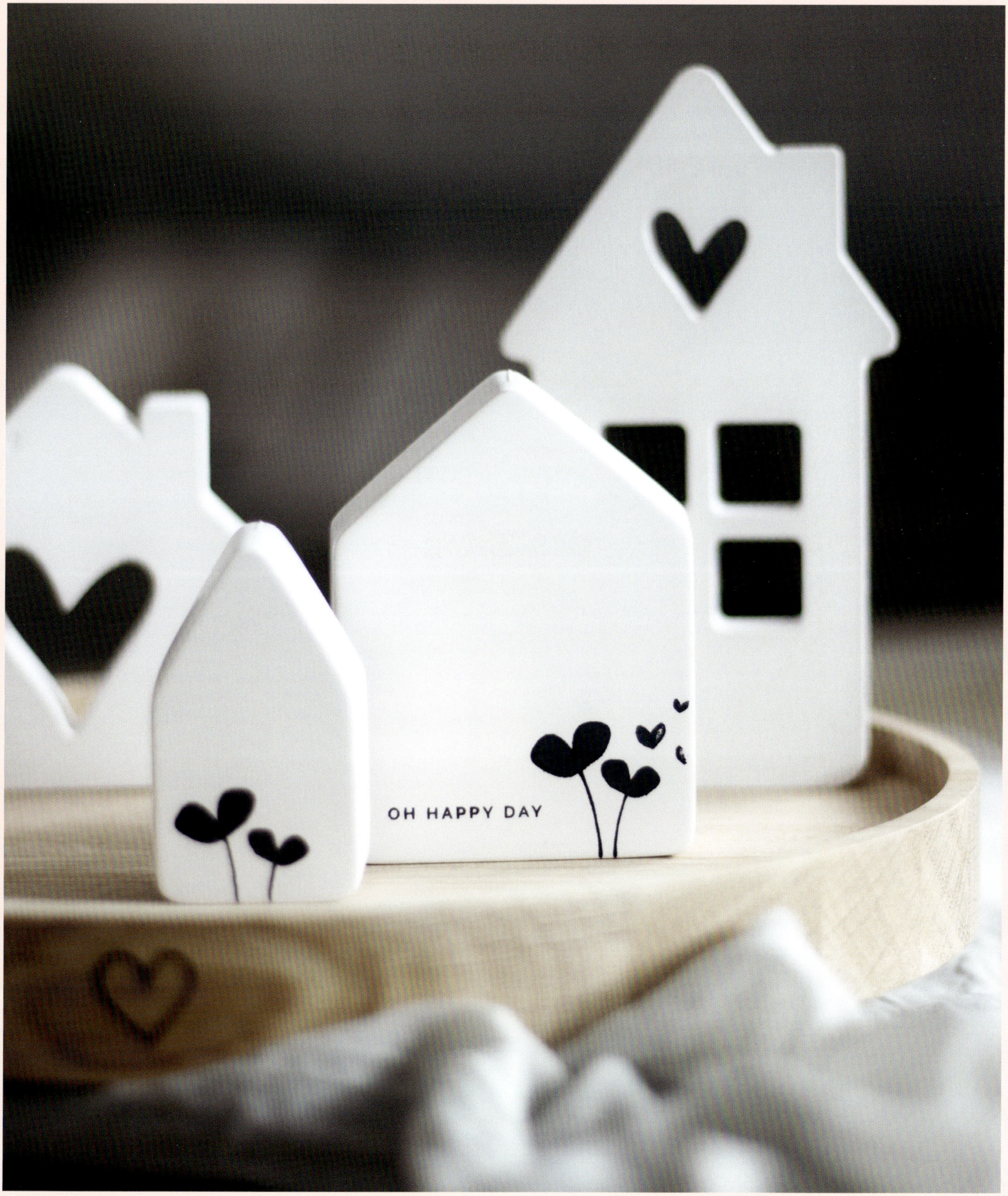
OH HAPPY DAY

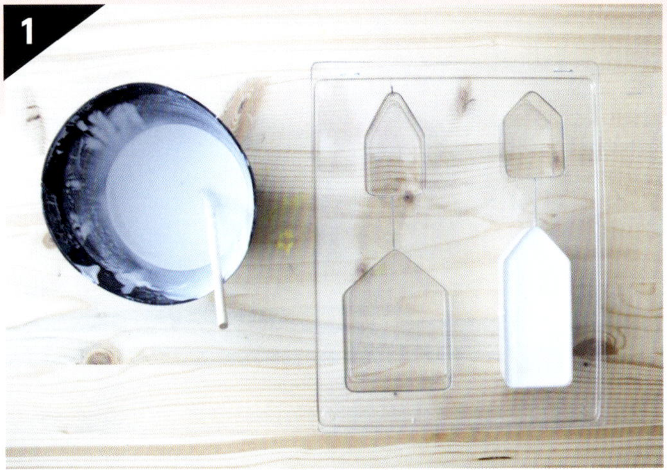

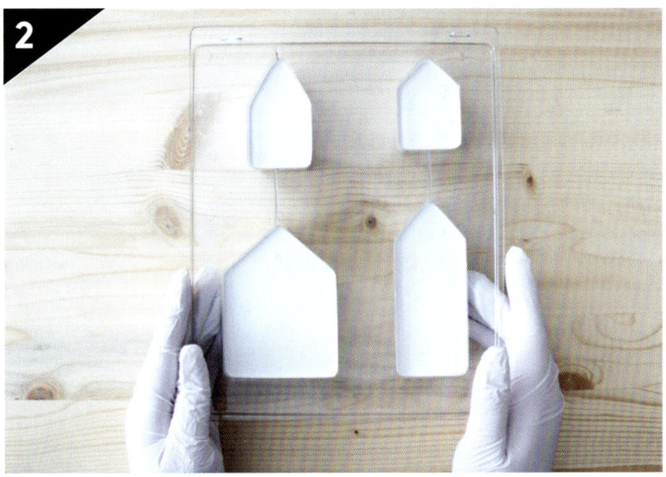

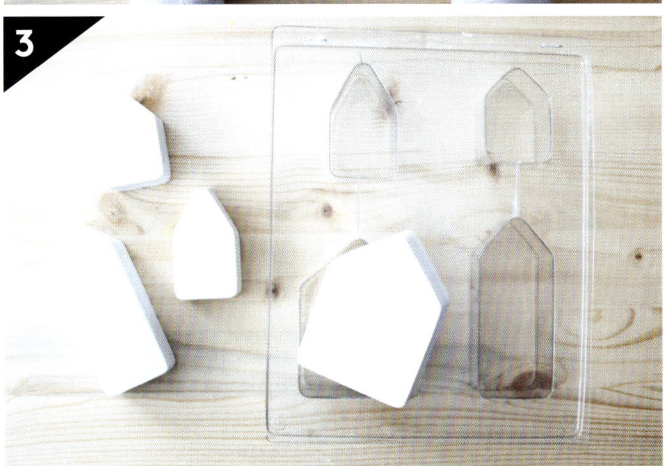

SO WIRD'S GEMACHT

1 Mische dir das Raysin in den oben angegebenen Mengen zu einer gleichmäßigen und gießfähigen Masse und befülle damit die einzelnen Häuschen deiner Gießform. Achte darauf, das Raysin nicht bis zum Rand einzufüllen. Lasse nach oben circa 3 mm Platz.

2 Durch leichtes Klopfen an der Form werden Luftbläschen an die Oberfläche bewegt und platzen.

3 Nach 1 Stunde kannst du die Häuschen durch Umdrehen der Gießform und leichtes Klopfen aus der Form herausholen. Hab hierbei viel Geduld, manchmal gestaltet sich das etwas schwierig. Die Häuser müssen nun für mindestens 24 Stunden vollständig durchtrocknen, bevor du sie bestempeln kannst.

4

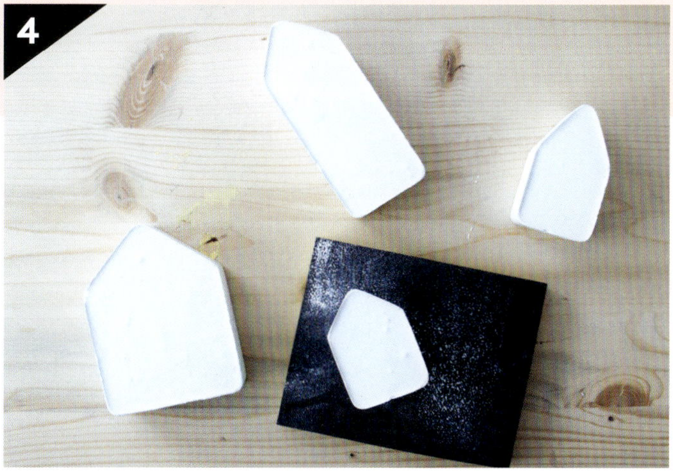

5

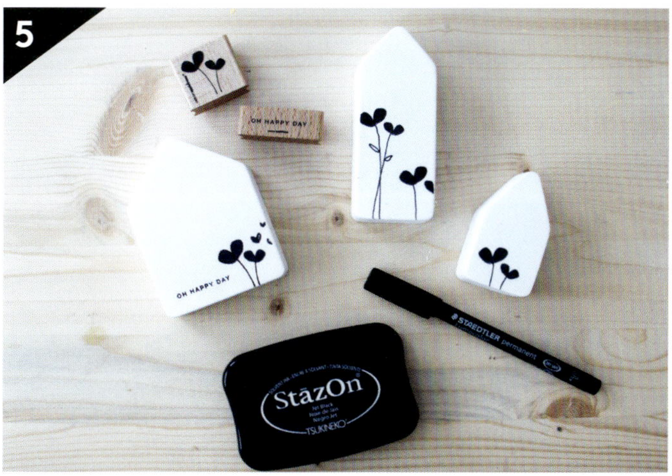

6

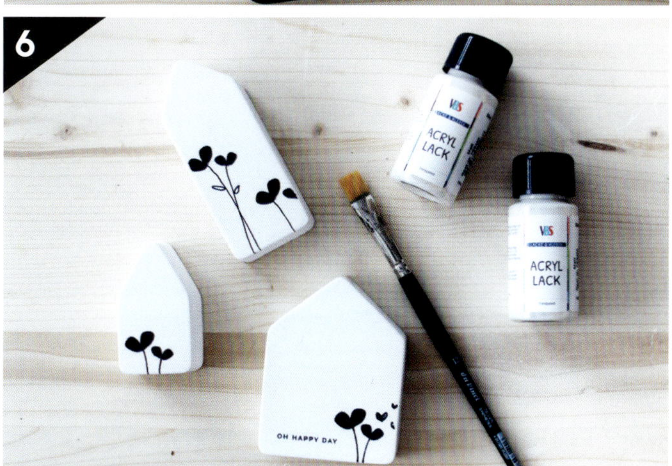

4 Nachdem die Häuschen vollständig getrocknet sind, schleifst du die Rückseite mit einem feinen Schleifpapier glatt. Danach noch alle Rückstände des Schleifens mit einem Tuch entfernen.

5 Nimm dir jetzt Stempel deiner Wahl und betupfe sie mit Stempelfarbe. Wichtig ist, dass du die Stempel mit ruhiger Hand auf die Häuschen aufdrückst. Probiere es vorher auf einem Blatt Papier aus. Alternativ kannst du auch mit einem wasserfesten Stift arbeiten.

TIPP

Besonders schön ist es, die Stempel überlappend auf den Häusern aufzubringen. Drücke dabei nicht so fest auf, damit du die Ränder der Stempelplatte nicht mit aufstempelst.

6 Die Stempelfarbe sollte anschließend gut trocknen. Wenn du möchtest, kannst du die gestempelte Seite der Häuser mit einem Schutzlack überziehen.

LIEBLINGS-STÜCKE

MIT SPRENKELN

MATERIAL

- 70 g Raysin
- 25 g Wasser
- Silikonformen Untersetzer (Amazon)
- Mischbecher und Stäbchen
- Schleifpapier, fein
- selbstklebende Kreise aus Kork

FÜR DIE SPRENKEL

- 1 EL Raysin
- Wasser
- 1 Messerspitze Pigment

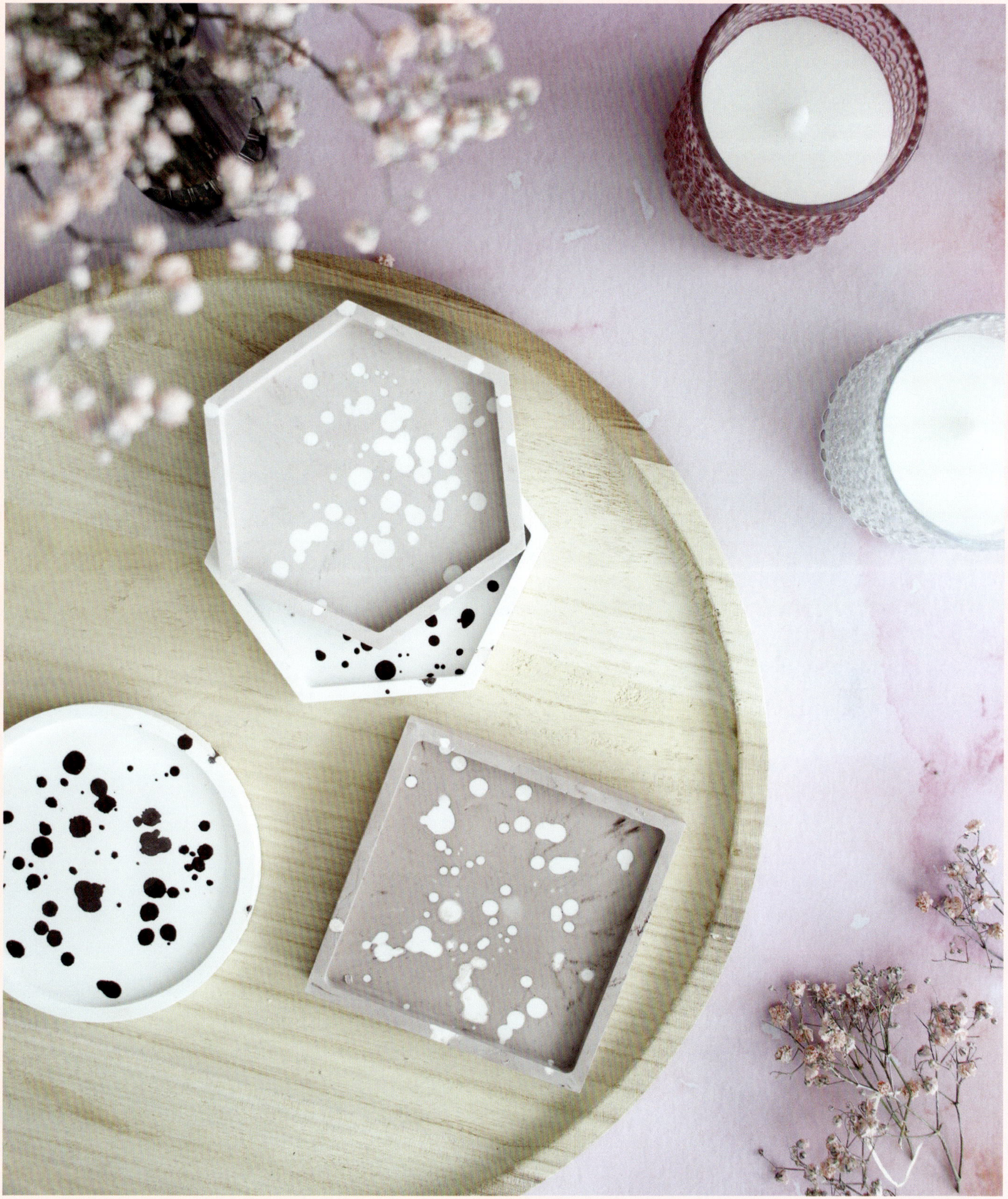

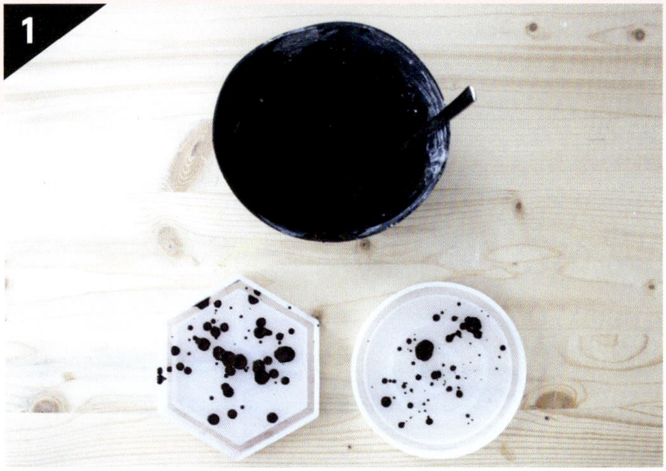

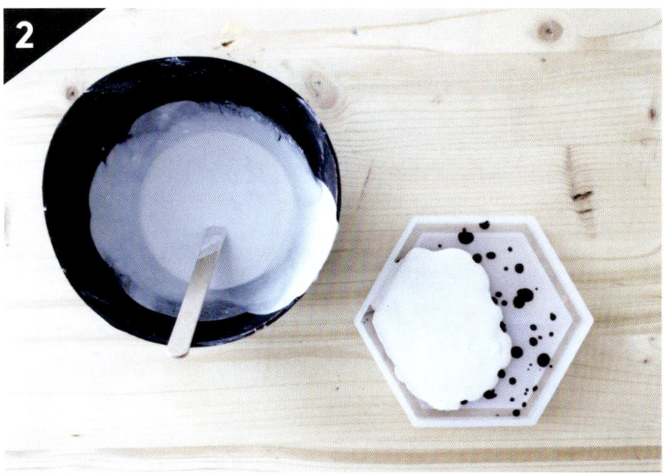

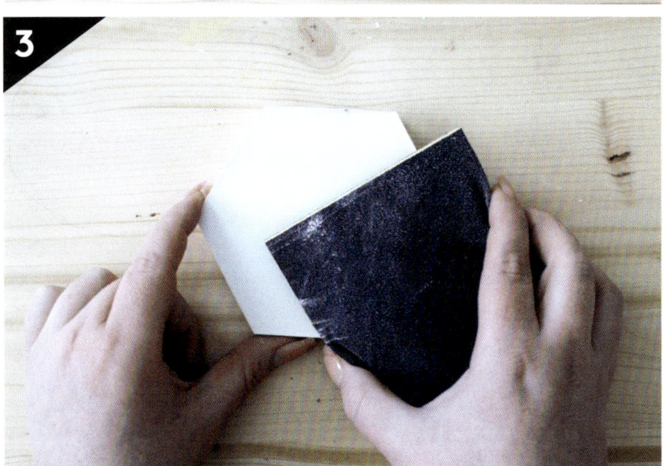

SO WIRD'S GEMACHT

1 Rühre dir für die Sprenkel, wie oben angegeben, 1 EL Raysin mit etwas Wasser an und füge die Pigmentfarbe hinzu. Rühre sie kräftig unter, bis das Raysin durchgehend gefärbt ist. Mit einem Löffel oder Holzstäbchen kannst du das Raysin nun in deine Silikonform hineintropfen lassen. Danach die Form beiseitestellen, bis die Sprenkel getrocknet sind.

2 Rühre dir die Füllmasse an, wenn die Sprenkel getrocknet sind. Gieße sie zügig ein und klopfe leicht eventuelle Lufteinschlüsse heraus.

3 Nach 1 Stunde kannst du die Untersetzer herauslösen und zum Trocknen auf ein Kuchengitter stellen. Nach 24 Stunden werden die Untersetzer an der Unterseite mit feinem Schleifpapier glatt geschliffen und mit Klebepads zum Beispiel aus Kork versehen.

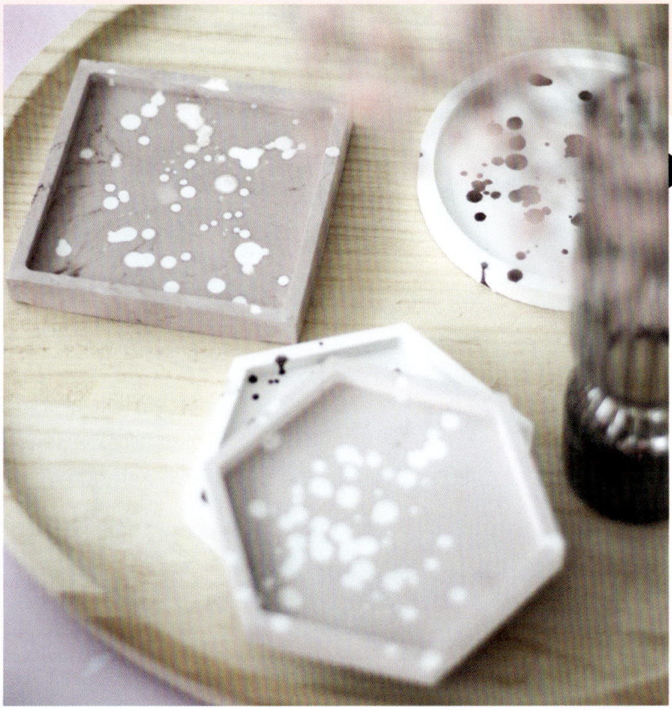

GESTALTUNGS-MÖGLICHKEITEN

Alternativ kannst du die Untersetzer auch mit weißen Sprenkeln und farbiger Füllmasse gestalten. Auch das sieht zauberhaft aus.
Oder du kombinierst die Sprenkel mit dem Marmorlook. Wie du den erstellen kannst, findest du auf Seite 66.

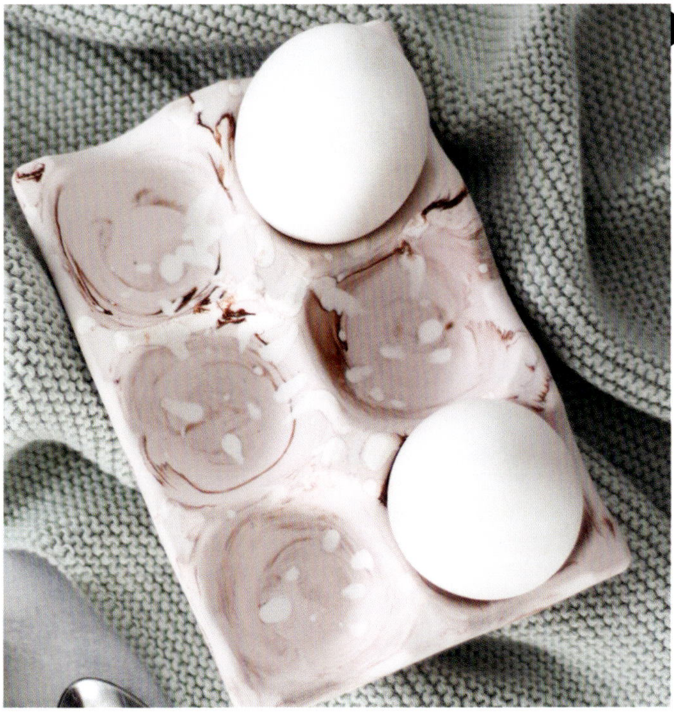

Für die Eierschale (Amazon) benötigst du 252 g Raysin und 72 g Wasser sowie Farbpigmente zum Einrühren.

UNTERSETZER

RUND MIT GLITZER

MATERIAL

- 60 g Raysin
- 17 g Wasser
- Glitzerstreu (Amazon)
- Mischbecher und Stäbchen
- Pinzette
- Silikonform Untersetzer Kreis (Ø 85 mm von Amazon)
- Acryllack und Pinsel
- Schleifpapier, fein
- selbstklebende Kreise aus Kork

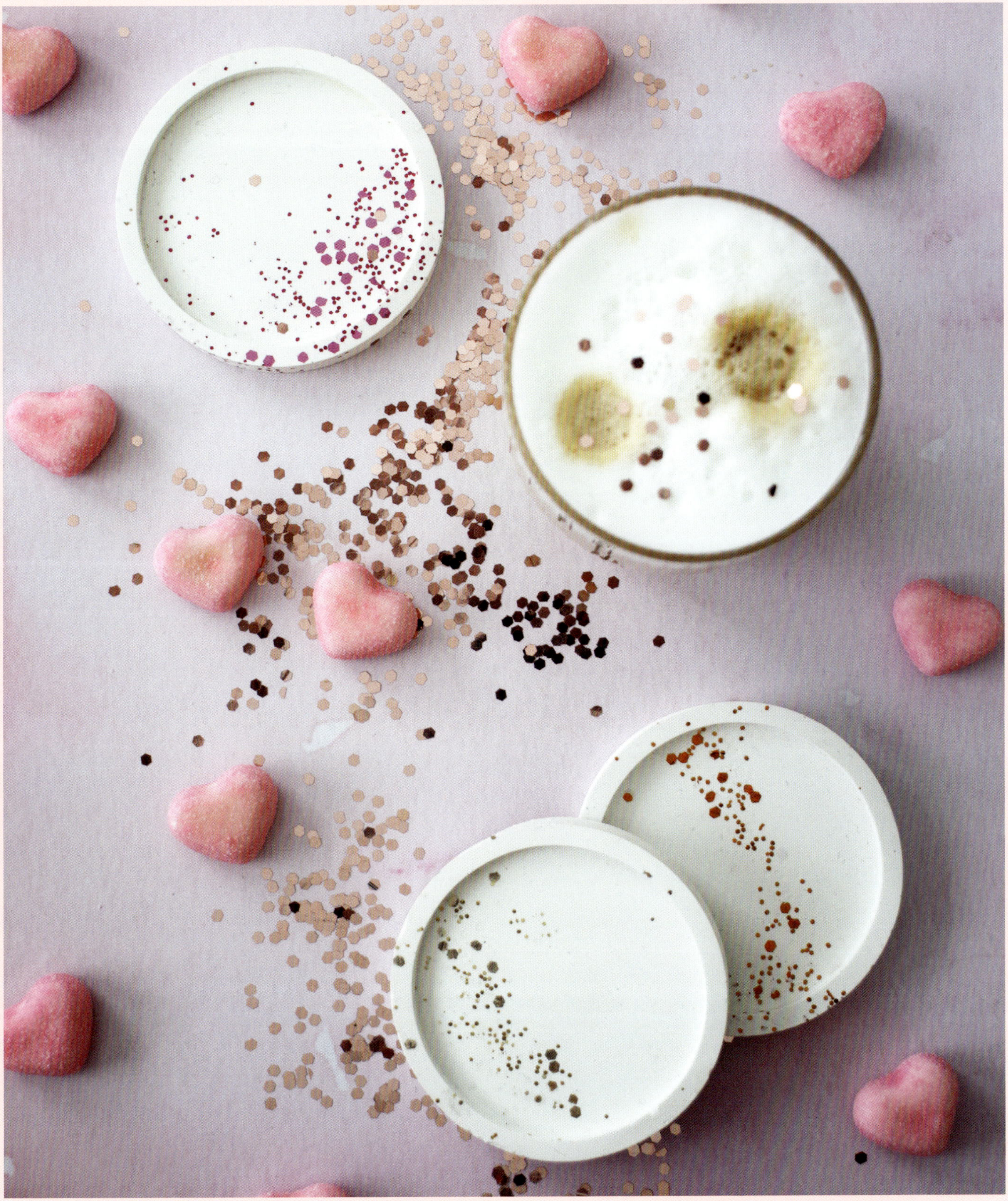

1

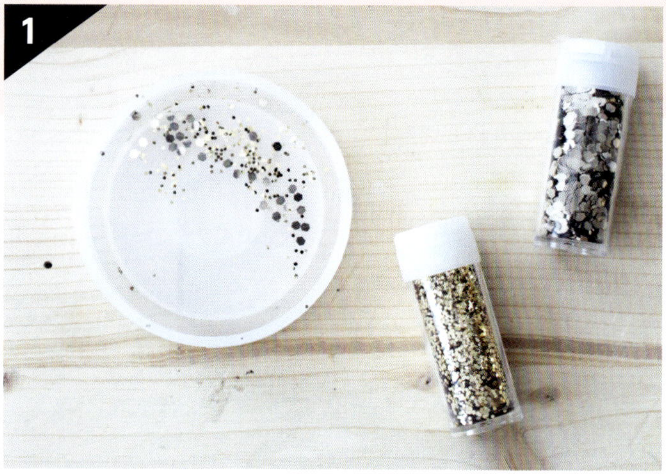

2

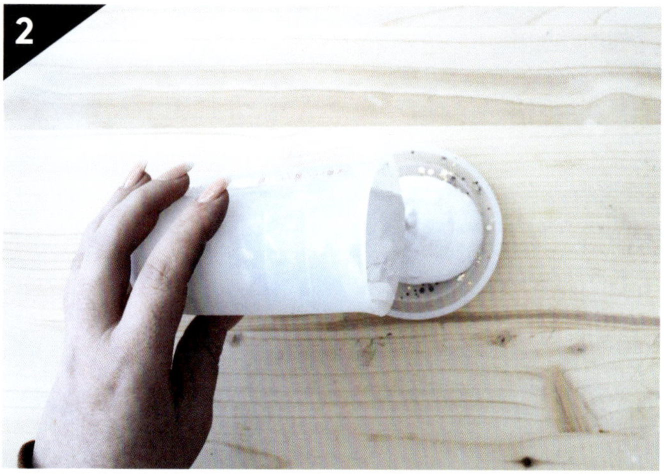

3

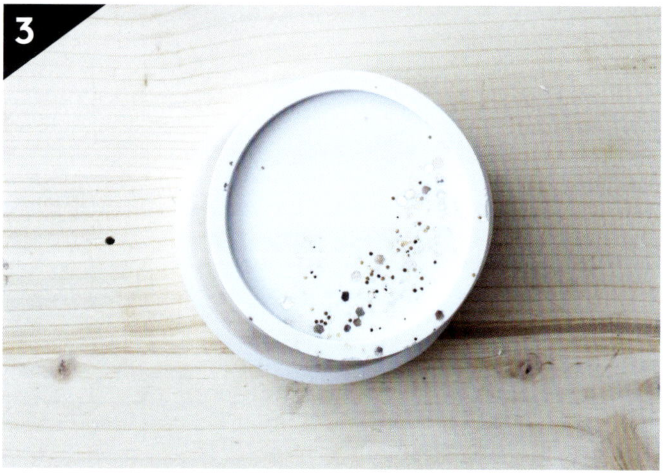

SO WIRD'S GEMACHT

1 Schütte einzelne Glitzerpartikel in deine Silikonform hinein. Mit einer Pinzette kannst du sie umsortieren, sollten sie sich an manchen Stellen überlagern.

2 Rühre nun 60 g Raysin mit 17 g Wasser zu einer glatten Masse an und gieße sie zügig in die vorbereitete Silikonform. Klopfe ein paar Mal außen gegen die Silikonform, um Lufteinschlüssen vorzubeugen. Danach den Untersetzer für 40 Minuten ruhen lassen.

3 Nach Ablauf der Zeit kann der Untersetzer aus der Silikonform herausgenommen werden und sollte mindestens 24 Stunden komplett durchtrocknen.

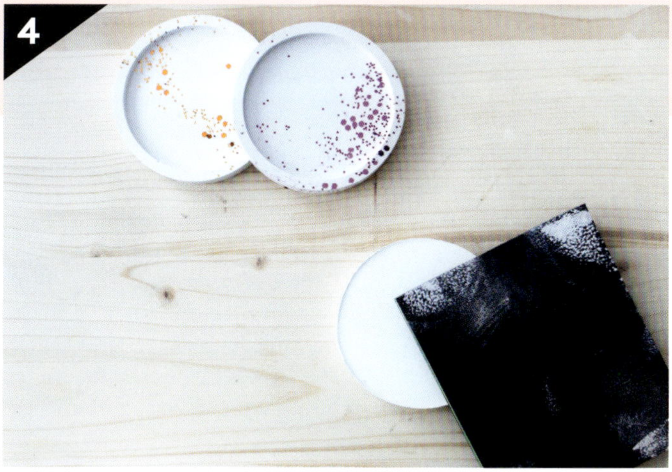

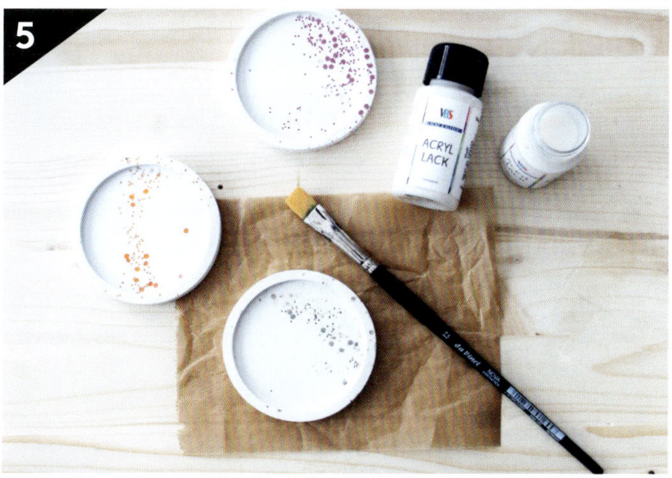

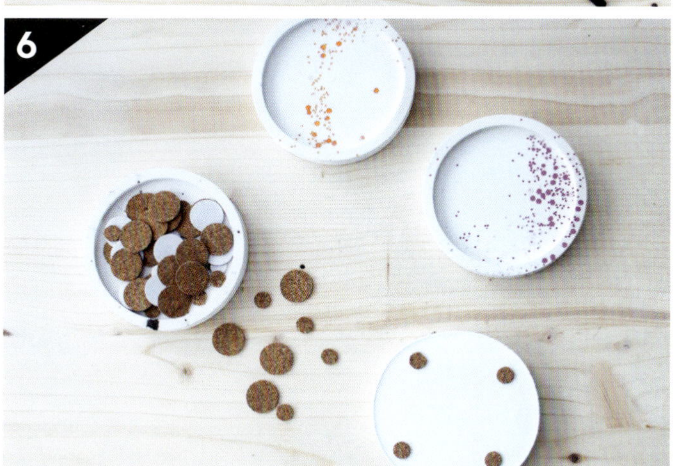

4 Die Unterseite des Untersetzers mit feinem Schleifpapier glatt schmirgeln, die letzten Staubpartikel mit einem leicht angefeuchteten Tuch entfernen und dann nochmals trocknen lassen.

5 Den Acryllack gleichmäßig mit dem Pinsel aufstreichen und trocknen lassen.

6 Zum Abschluss werden vier kleine Kreise aus selbstklebendem Kork auf die Unterseite geklebt.

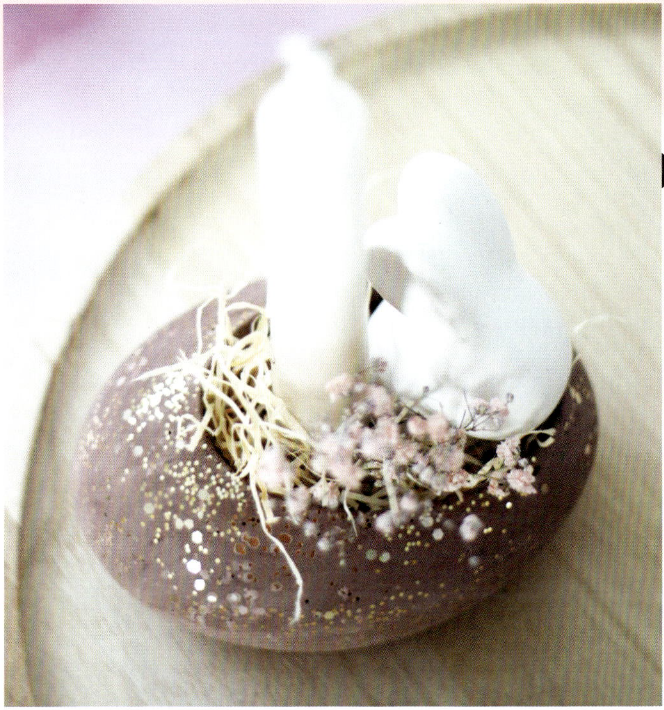

GESTALTUNGS MÖGLICHKEITEN

Als kleine Geschenke sind selbst gegossene Schalen mit Glitzer besonders schön. Wer es lieber schlichter mag, kann die Elemente nur in Weiß halten, das sieht auch toll aus. Für die ovale Schale (von kukuwaja) benötigst du 508 g Raysin und 145 g Wasser.

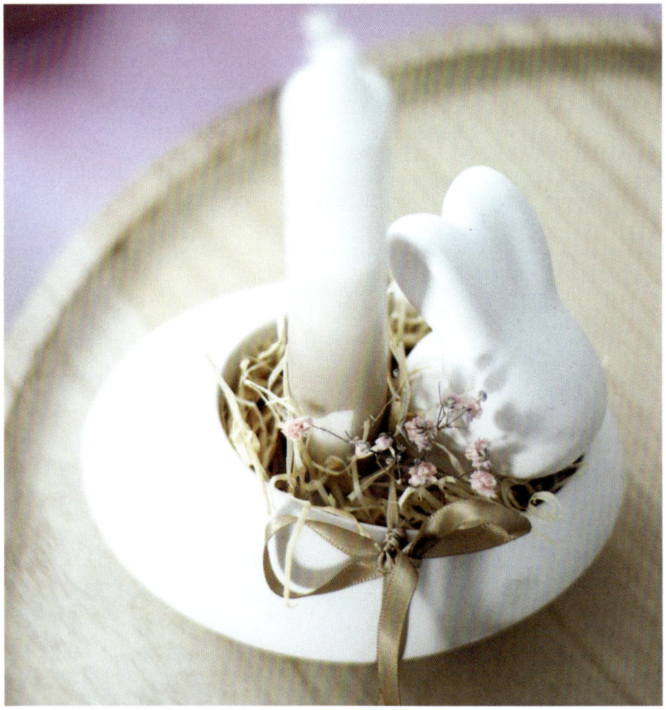

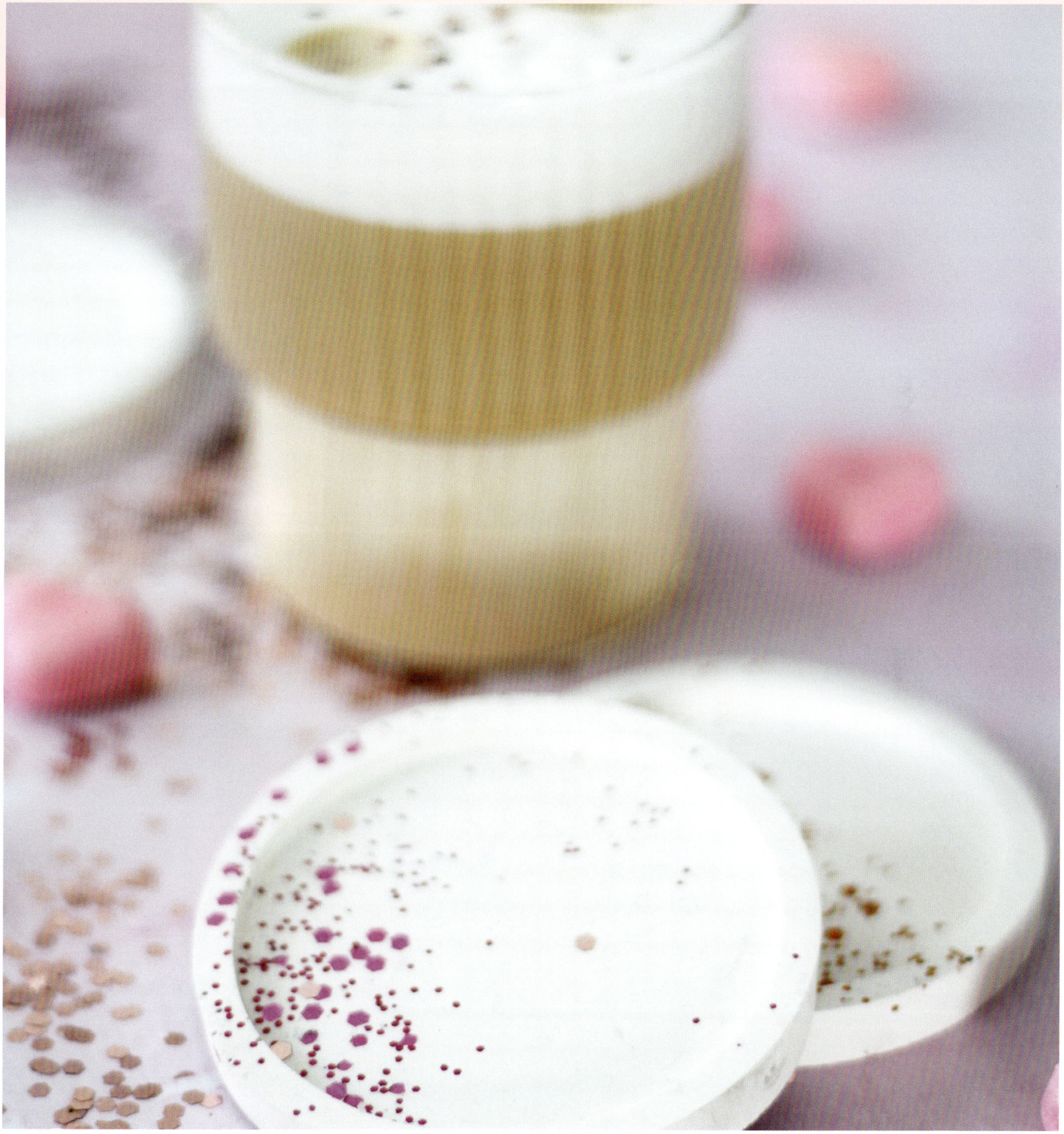

BUCHSTABEN

MIT TERRAZZO-MUSTER

MATERIAL

- 130 g Raysin
- 40 g Wasser
- gefärbte Raysin-Flakes
- Mischbecher und Stäbchen
- Silikonform Buchstaben (Amazon)
- Schleifpapier, fein

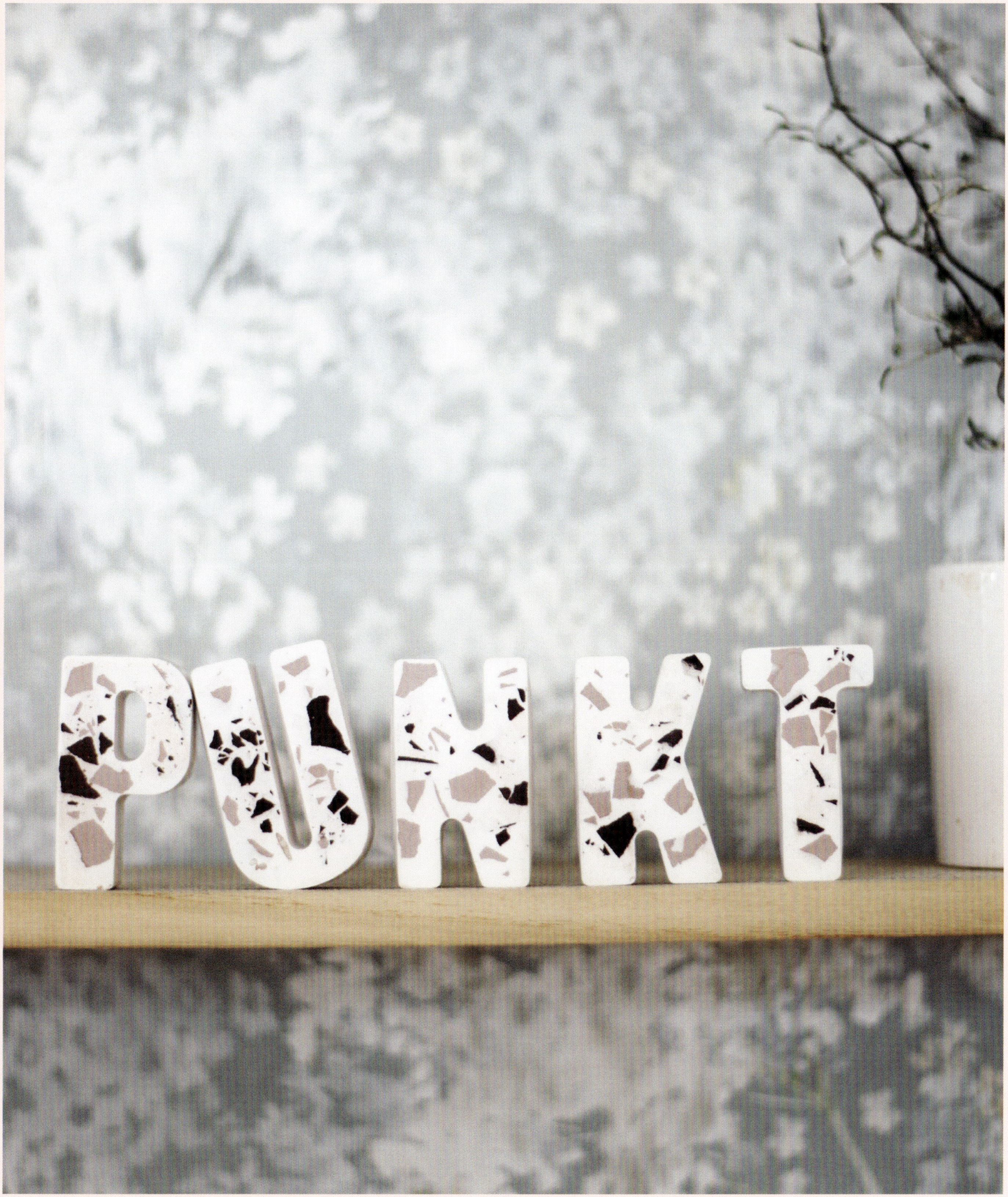
PUNKT

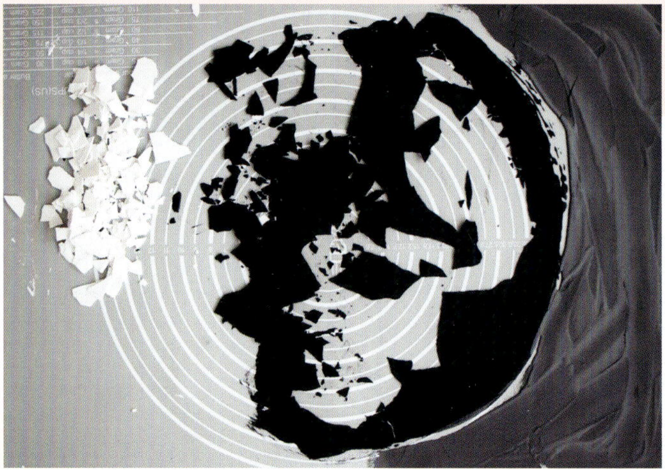

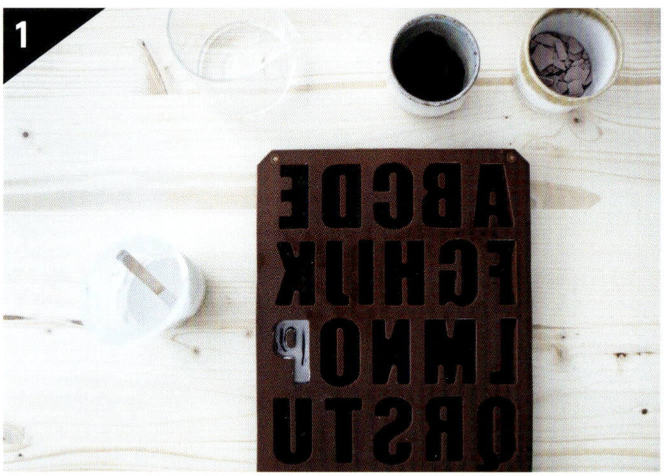

1

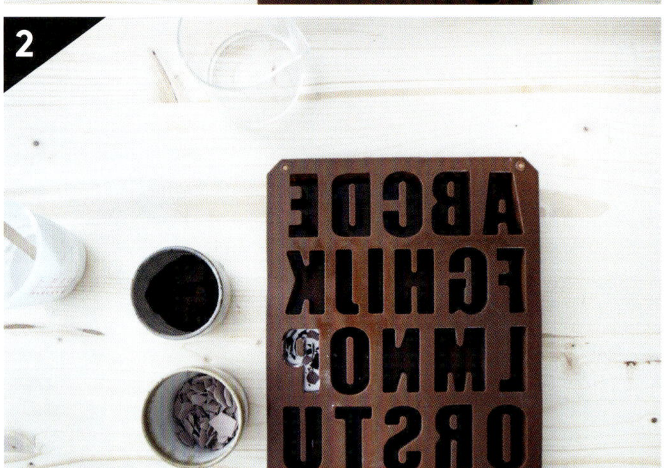

2

SO WIRD'S GEMACHT

Für dieses Projekt müssen vorher gefärbte Bruchstücke aus Raysin hergestellt werden, die Flakes. Dafür wird nach Bedarf Raysin angerührt und eingefärbt. Diese Masse wird auf eine Silikonmatte oder Backpapier gestrichen. Anschließend die Masse auf dem Untergrund aushärten lassen. Danach werden die Teile in kleine Stücke gebrochen und können als Flakes für das Terrazzo-Muster verwendet werden.

1 Rühre 37 g Wasser in 130 g Raysin, sodass eine klümpchenfreie Masse entsteht, und gieße in jeden der 5 Buchstaben etwas Raysin. Der Boden sollte maximal 1 mm bedeckt sein.

2 Streue feine Bruchstücke vom eingefärbten Raysin in die einzelnen Buchstaben und drücke sie mit dem Holzstäbchen leicht an. Versuche, zügig zu arbeiten, nicht dass das angerührte Raysin anfängt auszuhärten.

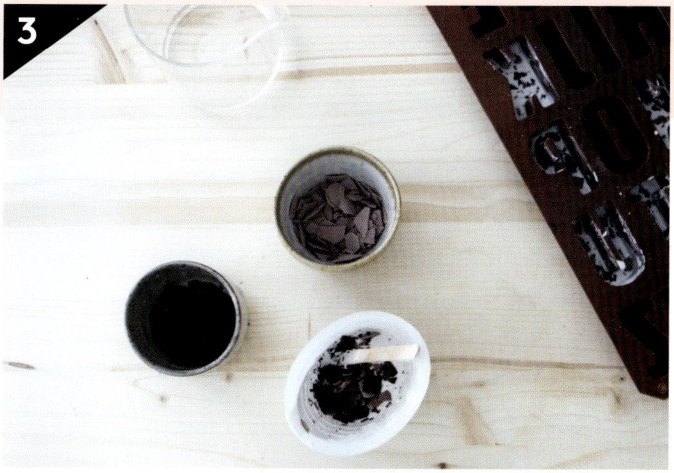

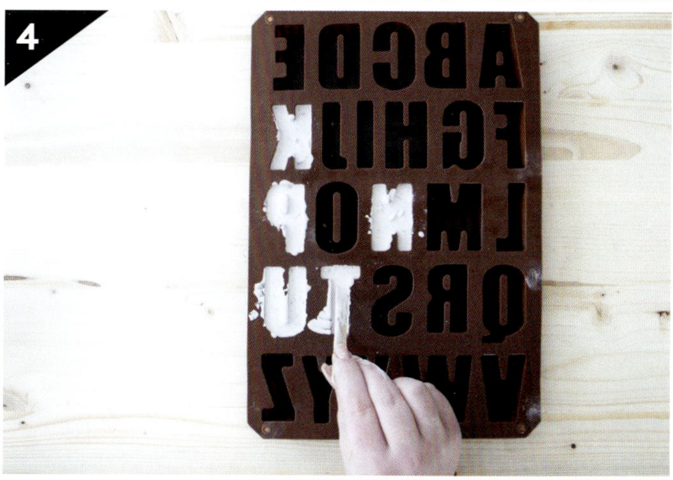

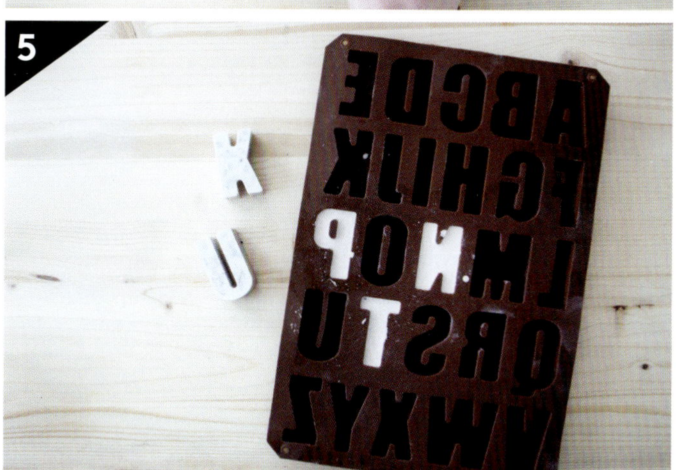

3 Füge deinem Raysin im Mischbecher nach Belieben einzelne Raysin-Flakes hinzu und verrühre alles gut miteinander. Sollte das Raysin etwas andicken, gib erneut etwas Wasser hinzu.

4 Fülle die einzelnen Buchstaben bis 2 mm unterhalb des Rands mit der Raysin-Flakes-Masse und stich mit dem Holzspieß einige Male in die Buchstaben hinein. Danach klopfst du außen ein paar Mal an der Form entlang, damit sich kleine Lufteinschlüsse an die Oberfläche bewegen und platzen. Danach stellst du die Form für circa 1 Stunde beiseite und lässt die befüllten Buchstaben aushärten.

5 Löse die Buchstaben aus der Form und lasse die Buchstaben auf einem Kuchengitter für 4–5 Tage vollständig aushärten.

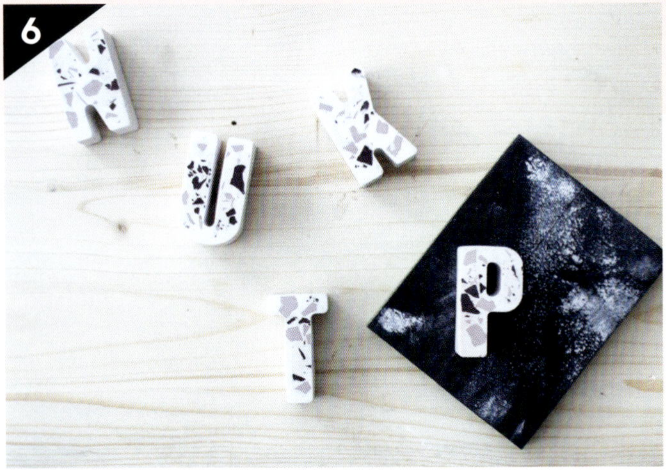

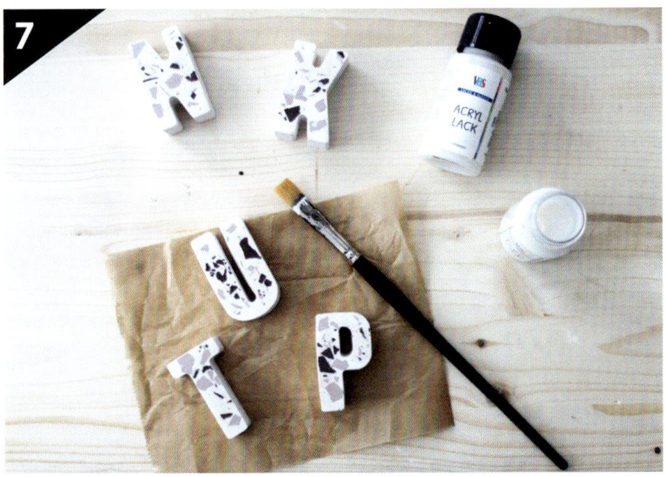

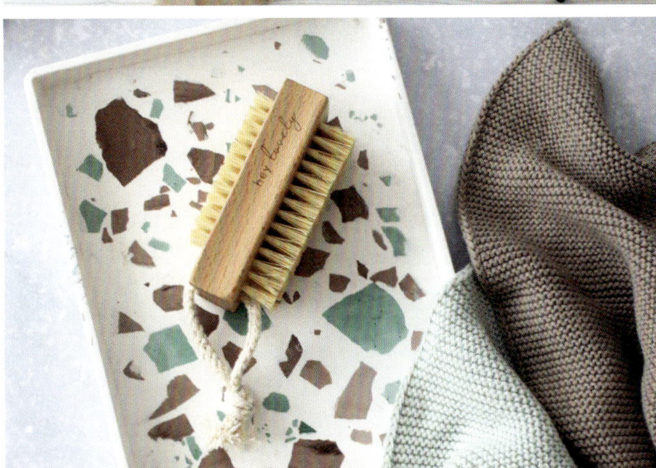

6 Nach dem Trocknen wird die Rückseite der Buchstaben mit Schleifpapier geglättet. Danach die Vorderseite mit Schleifpapier bearbeiten. Lege dir dafür einen Streifen Schleifpapier auf deine Arbeitsfläche und fahre mit den Buchstaben drüber. Nach und nach kommt das Terrazzo-Muster zum Vorschein.

7 Mit einem leicht feuchten Tuch die restlichen Staubpartikel wegwischen. Du kannst die Buchstaben noch mit Lack versiegeln.

GESTALTUNGS-MÖGLICHKEITEN

Du kannst sämtlichen Silikonformen ein Terrazzo-Muster verpassen. Besonders toll eignen sich dafür Tabletts. Da kommt das Muster sehr schön zur Geltung. Für die Tabletts (unicraft) benötigst du 325g Raysin und 130g Wasser sowie Flakes zum Einrühren.

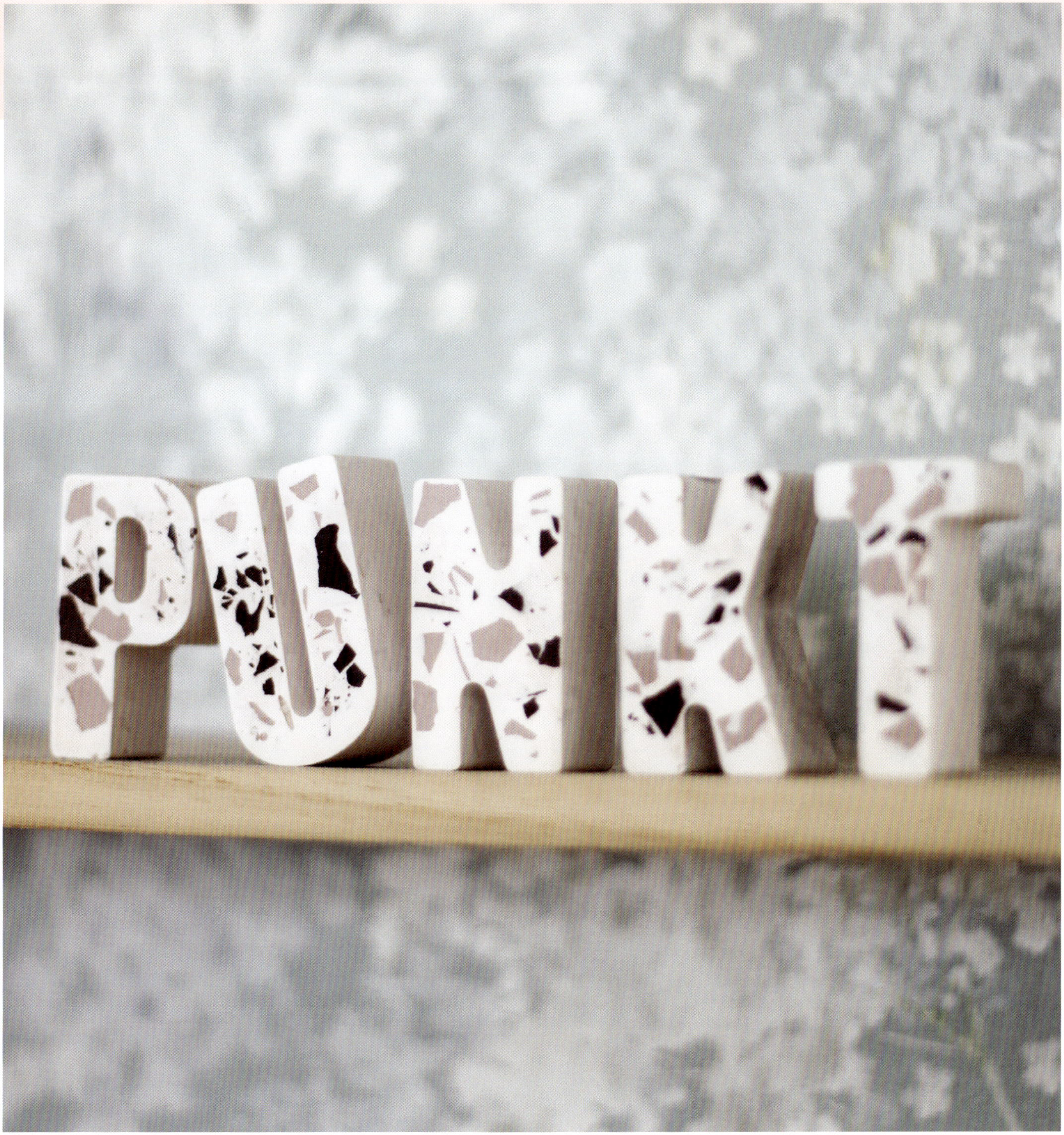

VASE

IN MARMOR-OPTIK

MATERIAL

- 240 g Raysin
- 64 g Wasser
- Farbpigment, flüssig
- Mischbecher und Stäbchen
- Silikonform Vasen-Set (Amazon)
- Gipsdicht
- Schleifpapier, fein

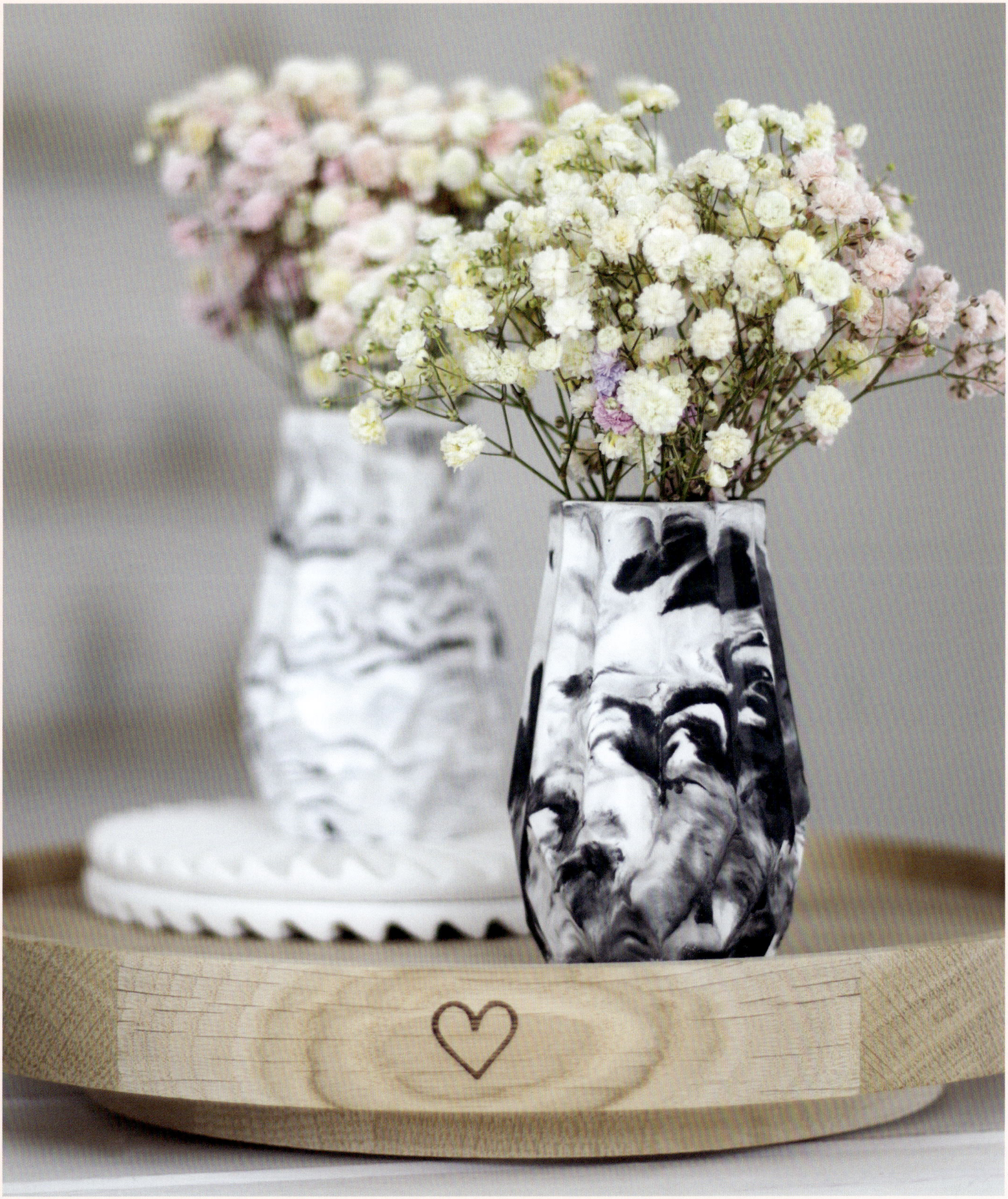

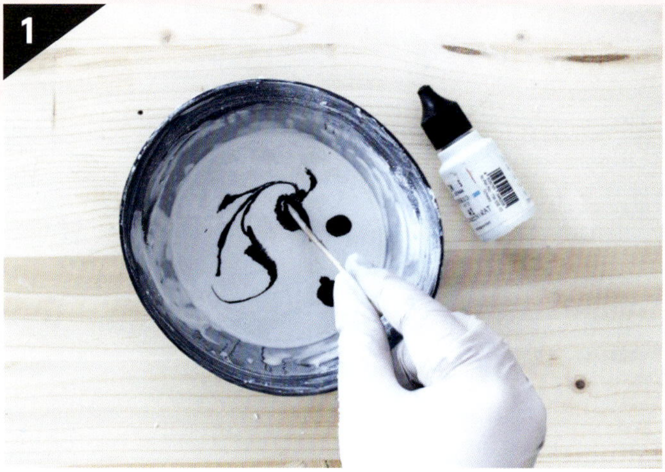

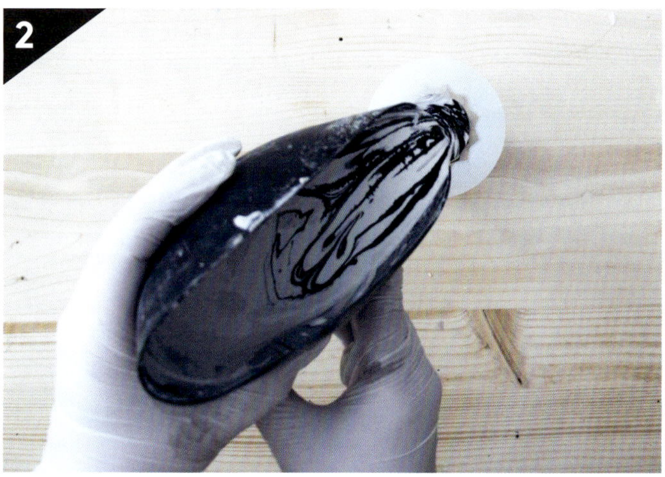

SO WIRD'S GEMACHT

1 Rühre dir entsprechend den Mengenangaben das Raysin klümpchenfrei an. Füge der Masse 10 Tropfen des Farbpigments zu und rühre das Pigment kreisförmig ein, um einen Schleier durch das Raysin zu ziehen. Zwei bis drei Umrührungen reichen.

2 Fülle das Raysin in die Silikonform ein, achte darauf, die Masse aus unterschiedlichen Winkeln einfließen zu lassen. So erhältst du von allen Seiten einen schönen marmorierten Effekt.

TIPP

Damit die Vasen beim Herauslösen aus der Form nicht zerbrechen, ist es besser, wenn du die Silikonform zuvor circa 3 cm vom Füllloch her nach unten einschneidest. Du schneidest dabei in eine intakte Silikonform, die aber eigentlich für das wesentlich härtere Material Raisin (ein Zwei-Komponenten-Epoxidharz) gedacht ist. Damit kein Raysin herausläuft, kannst du den Schnitt in der Silikonform mit einer Schnur rundum fixieren.

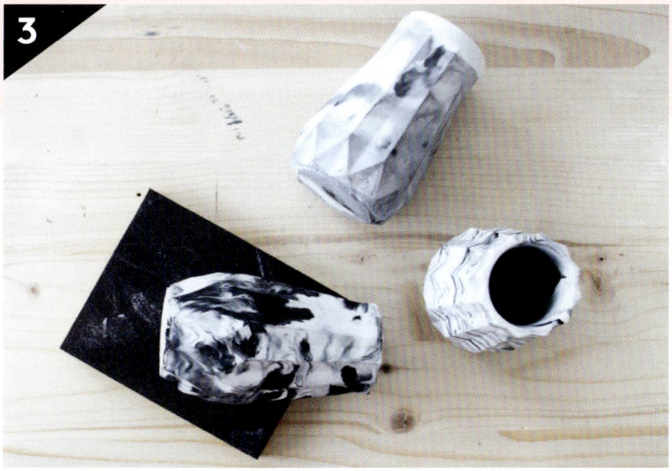

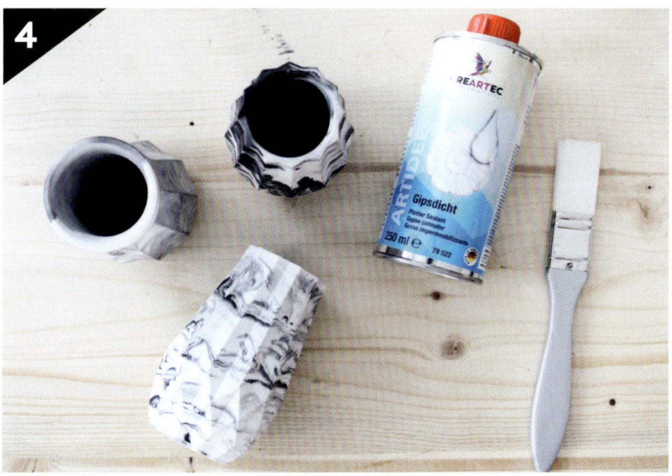

3 Bereits nach 1 Stunde kannst du die Schnur entfernen und die Vase vorsichtig aus der Silikonform herausholen.

4 Schleife den Boden der Vase direkt glatt an und lasse die Vase nun vollständig für 24 Stunden aushärten.

5 Nach dem Trocknen schwenkst du die Vase im Innern mit Gipsdicht aus. Alternativ kannst du das Gipsdicht auch mit einem Pinsel auftragen. Durch Auftragen von Gipsdicht verschließen sich kleine Poren und Risse, so wird die Vase wasserfest. Die Vase sollte erneut für 24 Stunden trocknen. Danach kann die Vase mit Wasser befüllt und mit Blumen bestückt werden.

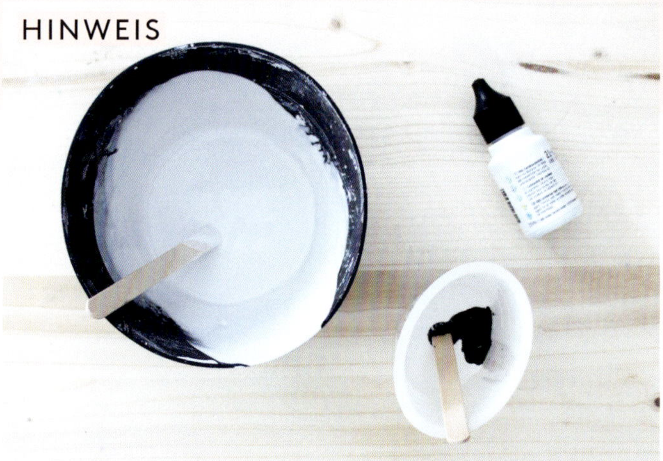

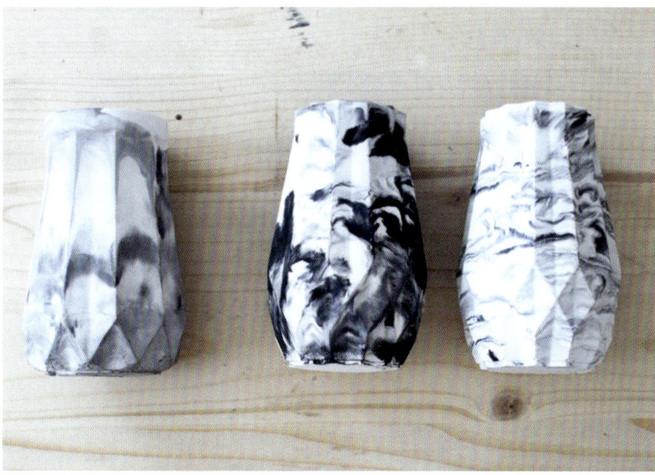

HINWEIS

Alterativen, um den Marmor-Look zu erzeugen:

Du kannst 1/3 des fertigen Raysins in eine andere Schale füllen und diese mit dem Farbpigment komplett einfärben. Je mehr Pigment du verwendest, desto „fester" wird die Masse. Durch Zugabe von ein paar Milliliter Wasser kannst du sie wieder verdünnen.

Fülle beide Massen gleichzeitig in kreisenden Bewegungen ein, um den Marmor-Look zu erzeugen. Beachte: Du benötigst viel mehr Farbpigment, um einen dunkleren Farbton zu erzeugen.

▶ Hier siehst du die unterschiedlichen Ergebnisse der verschiedenen Techniken. Links ist die Vase etwas gräulicher – dort habe ich das Raysin separat eingefärbt. Bei der rechten Vase habe ich das Pigment direkt in die Masse gegeben und nur leicht verrührt. Je nachdem, wie viel Pigment du hinzufügst, variiert auch bei dieser Vorgehensweise das Ergebnis.

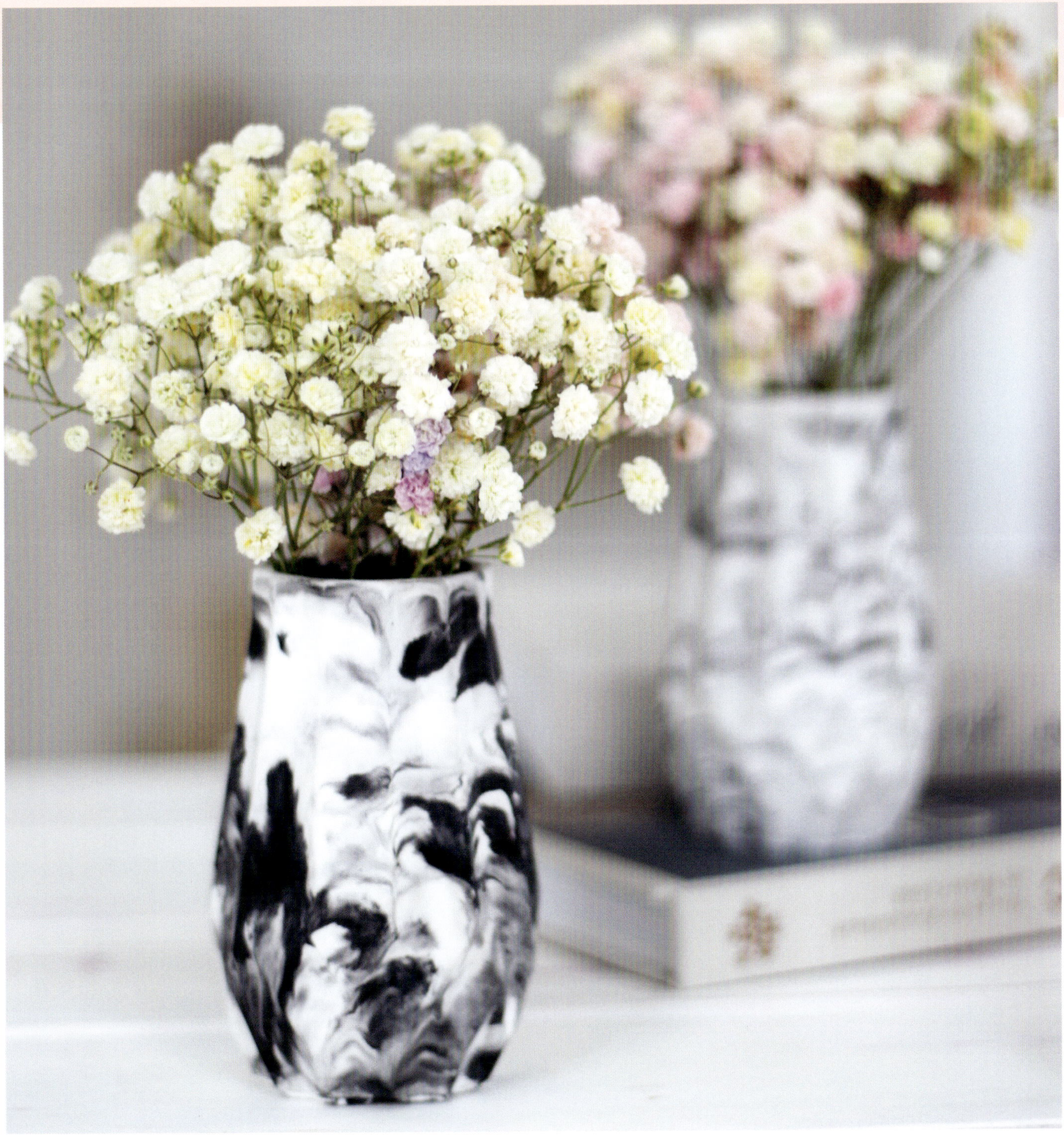

LIEBLINGS-STÜCKE

MIT HERZEN

MATERIAL

- 230 g Raysin
- 92 g Wasser
- Silikonform Tablett (Amazon)
- Mischbecher und Stäbchen
- Schleifpapier, fein
- Plätzchenausstecher oder Vinylfolie
- Plotter oder Cuttermesser

FÜR DIE FARBE

- 1 EL Raysin
- Pigment, flüssig
- Wasser

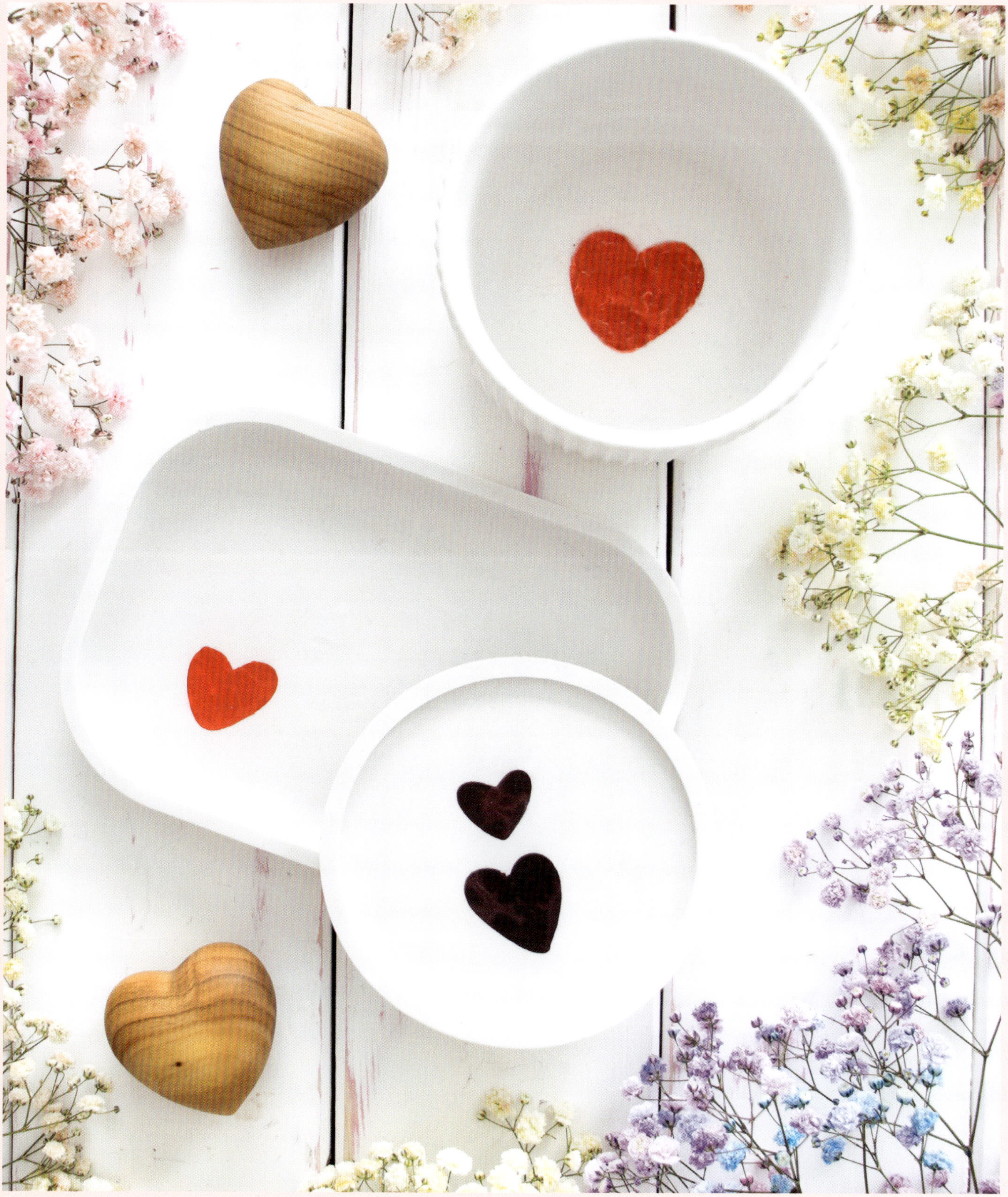

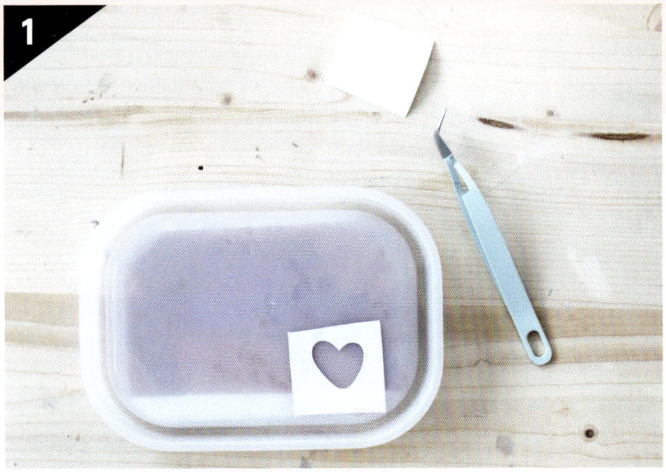

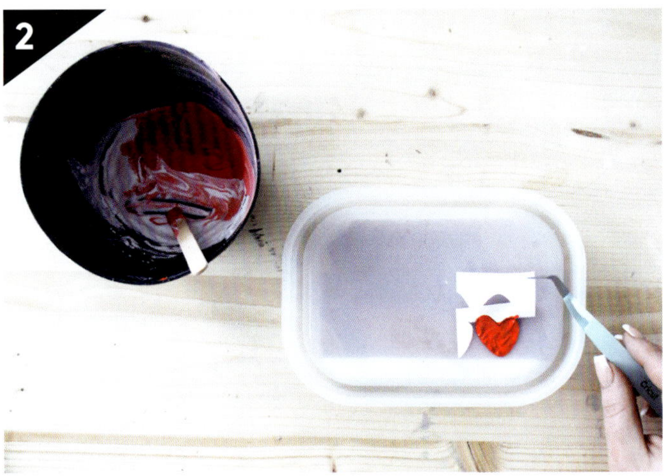

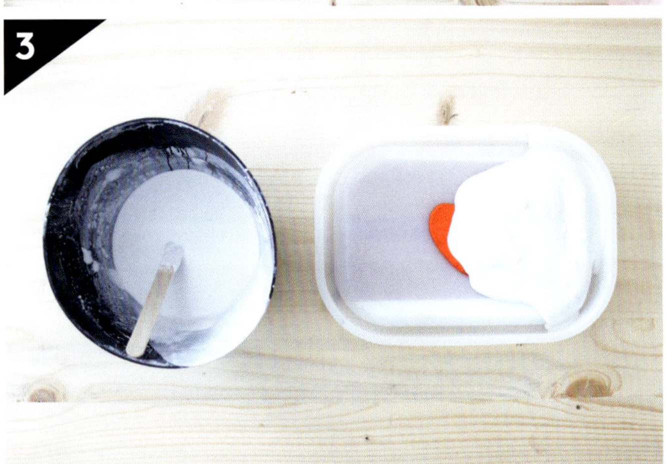

SO WIRD'S GEMACHT

1 Schneide dir mit einem Plotter oder Cuttermesser kleine Herzen aus Vinylfolie aus. Für diese Technik benötigst du das Negativ deines Zuschnitts. Platziere die Folie in der Silikonform und drücke die Ränder leicht an.

2 Rühre die kleine Menge Raysin mit ein paar Tropfen des Pigments an. Für diese Technik sollte das Raysin etwas fester sein, damit nichts verläuft. Mit einem Holzstäbchen wird portionsweise das farbige Raysin auf dem Ausschnitt verteilt, sodass dieser vollständig bedeckt ist. Entferne anschließend vorsichtig die Vinylfolie und lass das Motiv trocknen.

WICHTIG

Die eingefärbte Masse muss unbedingt trocken sein, da sie leicht verschmiert und das Ergebnis unsauber werden würde.

3 Wenn das farbige Raysin getrocknet ist, die gießfähige und klümpchenfreie Masse zum Eingießen anrühren. Befülle damit die bemalte Silikonform. Klopfe leicht an der Form, um eventuelle Lufteinschlüsse an die Oberfläche zu transportieren. Bitte behutsam klopfen, damit sich die Farbe unter der Masse nicht löst. Nach 1 Stunde die fertig gegossene Form aus dem Silikon lösen und für mindestens 24 Stunden auf ein Kuchengitter zum Aushärten stellen.

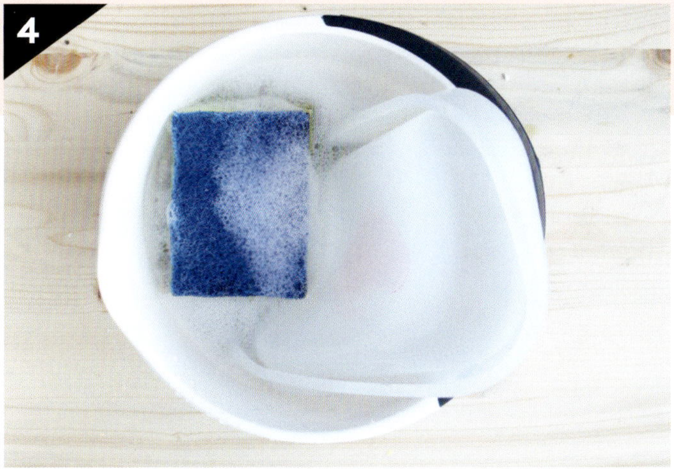

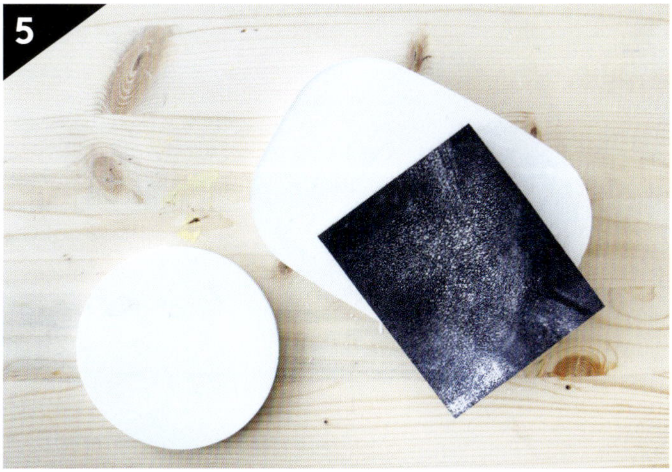

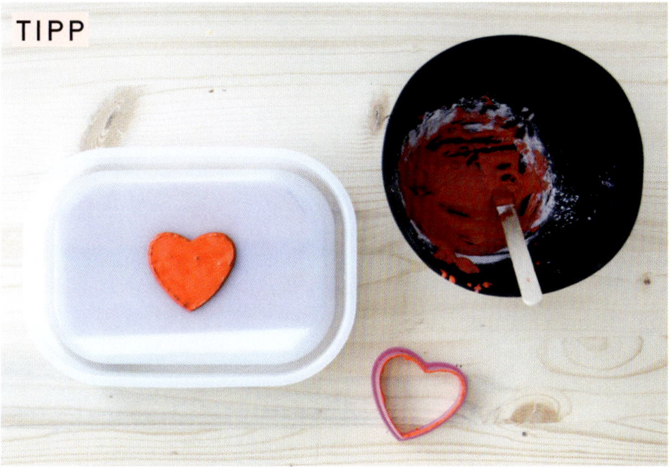

4 Reinige die Silikonform direkt nach der Benutzung mit warmem Wasser, Spülmittel und einem Schwamm, damit keine Rückstände vom Pigment an der Silikonform haften bleiben.

5 Wenn die Untersetzer vollständig ausgehärtet sind, kannst du die Unterseite mit feinem Schleifpapier anschleifen und kleine Puffer zum Beispiel aus Kork aufkleben.

TIPP

Wer keine Schablone schneiden kann oder mag, kann auch Plätzchenausstecher verwenden, diese nach Gebrauch gut reinigen.

STÖVCHEN

MIT SERVIETTENTECHNIK

MATERIAL

- 200 g Raysin
- 80 g Wasser
- Silikonform Stövchen (Marke: Beton in Form)
- Mischbecher und Stäbchen
- Servietten
- Serviettenkleber
- Pinsel
- Schleifpapier, fein

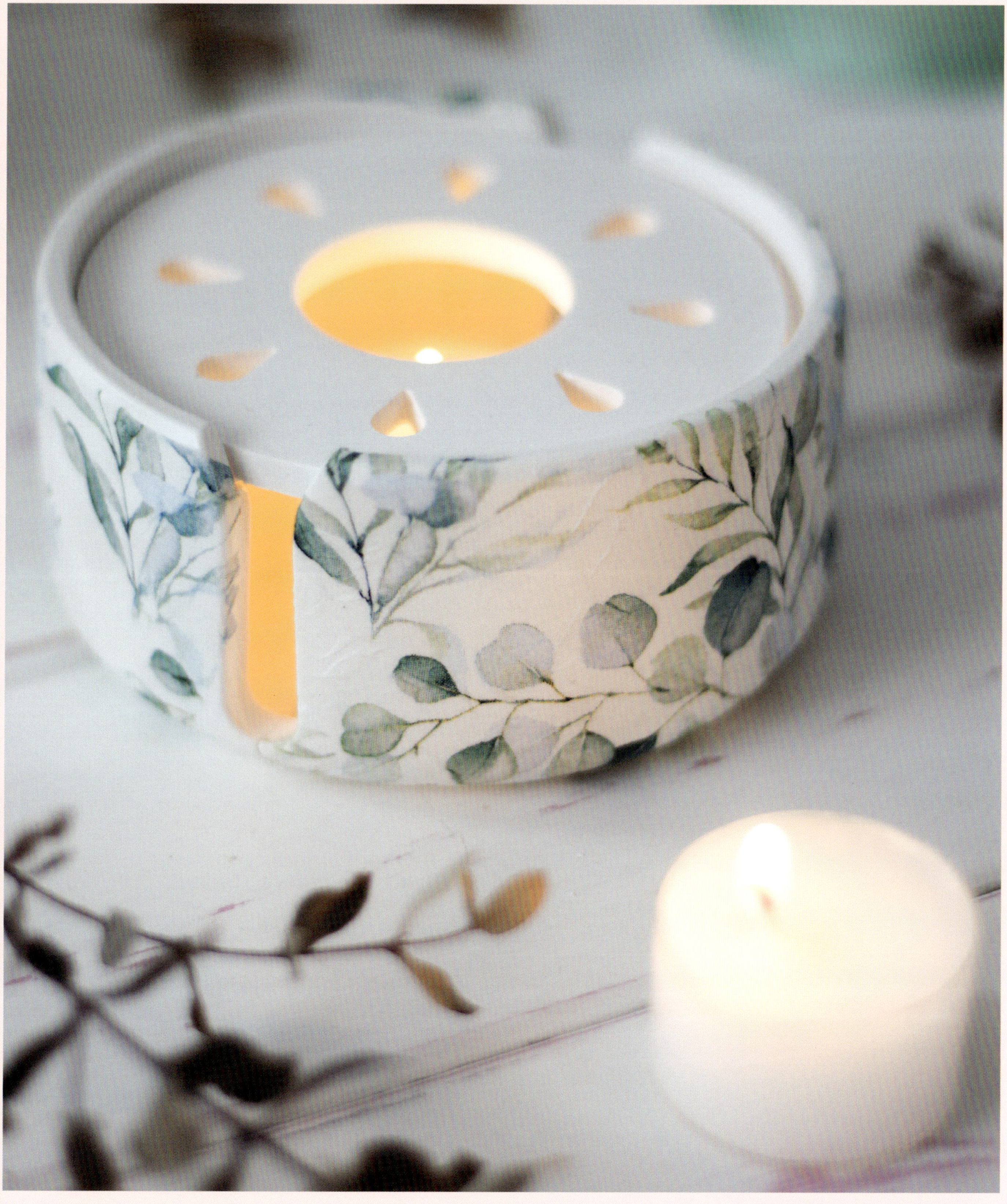

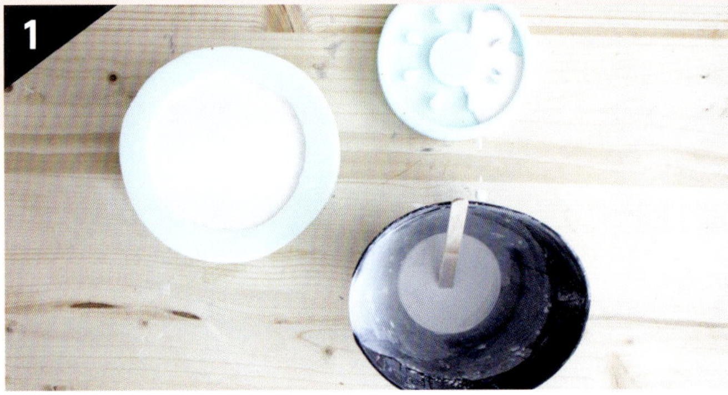

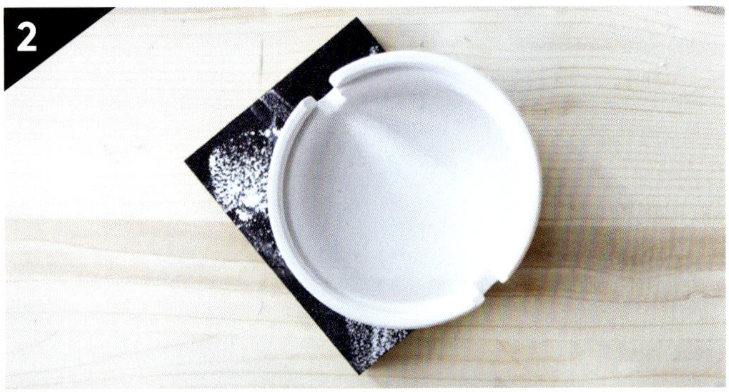

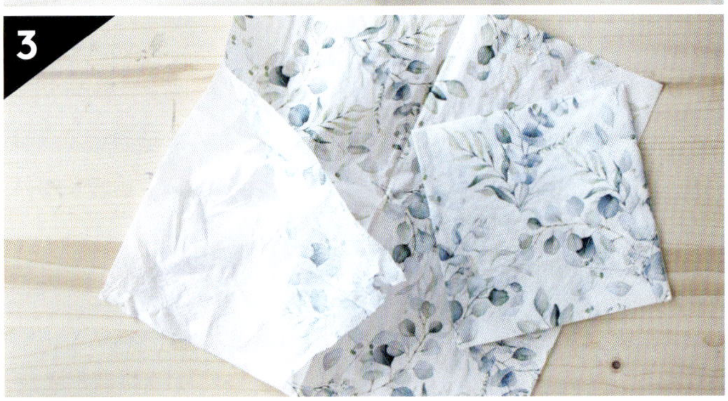

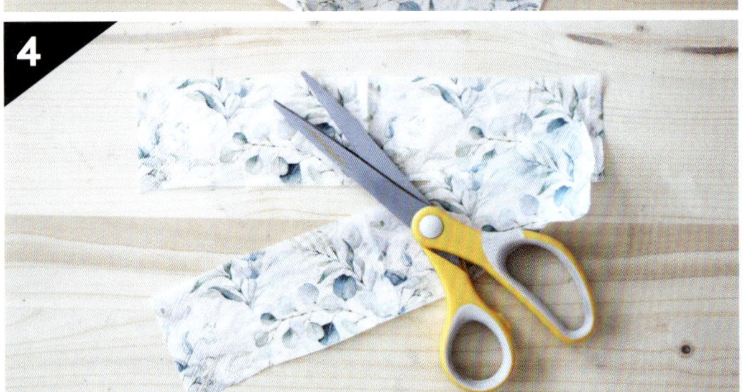

SO WIRD'S GEMACHT

1 Rühre das Raysin an und befülle damit beide Teile der Silikonform. Anschließend lässt du das Raysin in der Form für 12 Stunden trocknen.

2 Nach dem Trocknen das Stövchen behutsam aus der Silikonform lösen und den Boden mit Schleifpapier glatt schmirgeln.

3 Für die Serviettentechnik werden die unbedruckten Schichten der Serviette entfernt, sodass die hauchdünne bedruckte Lage der Serviette übrig bleibt.

4 Schneide die Serviette direkt auf die passende Größe zu.

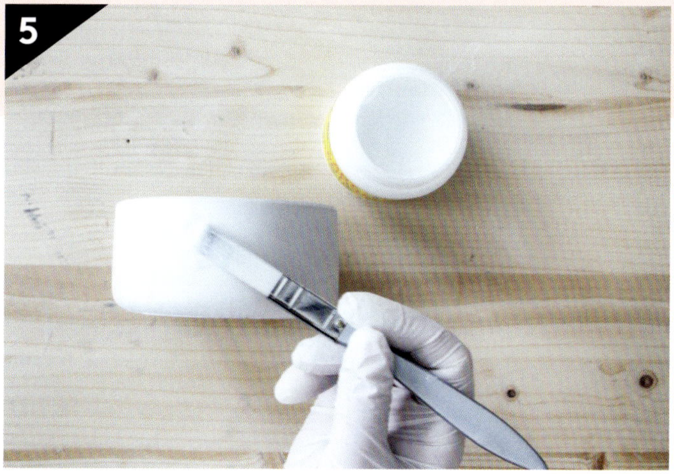

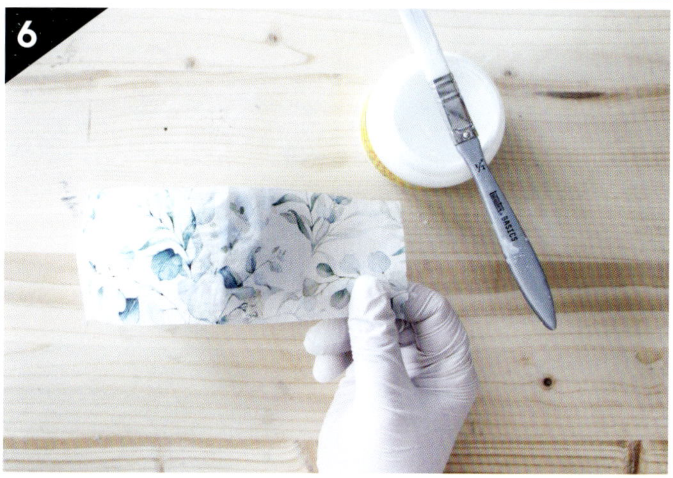

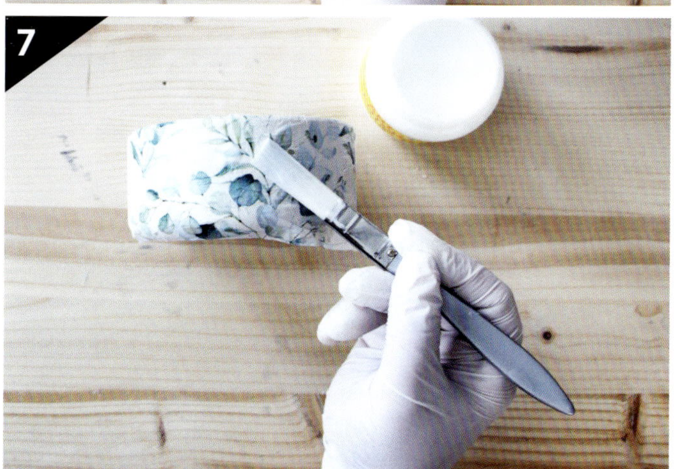

5 Streiche mit dem Pinsel das Stövchen außen ringsum mit Serviettenkleber ein.

6 Lege dann vorsichtig die Serviette auf. Kleine Falten kannst du im nächsten Schritt einfach glatt streichen. Diese Technik benötigt etwas Übung.

7 Bestreiche die Serviette erneut von außen mit Serviettenkleber. Anschließend lässt du alles gut durchtrocknen.

TABLETT

MIT EIGENEN FOTOS

MATERIAL

- 375 g Raysin
- 150 g Wasser
- Tablett rechteckig (unicraft)
- Mischbecher und Stäbchen
- Foto-Transfer-Set z. B. von KREUL
- Laserdrucker

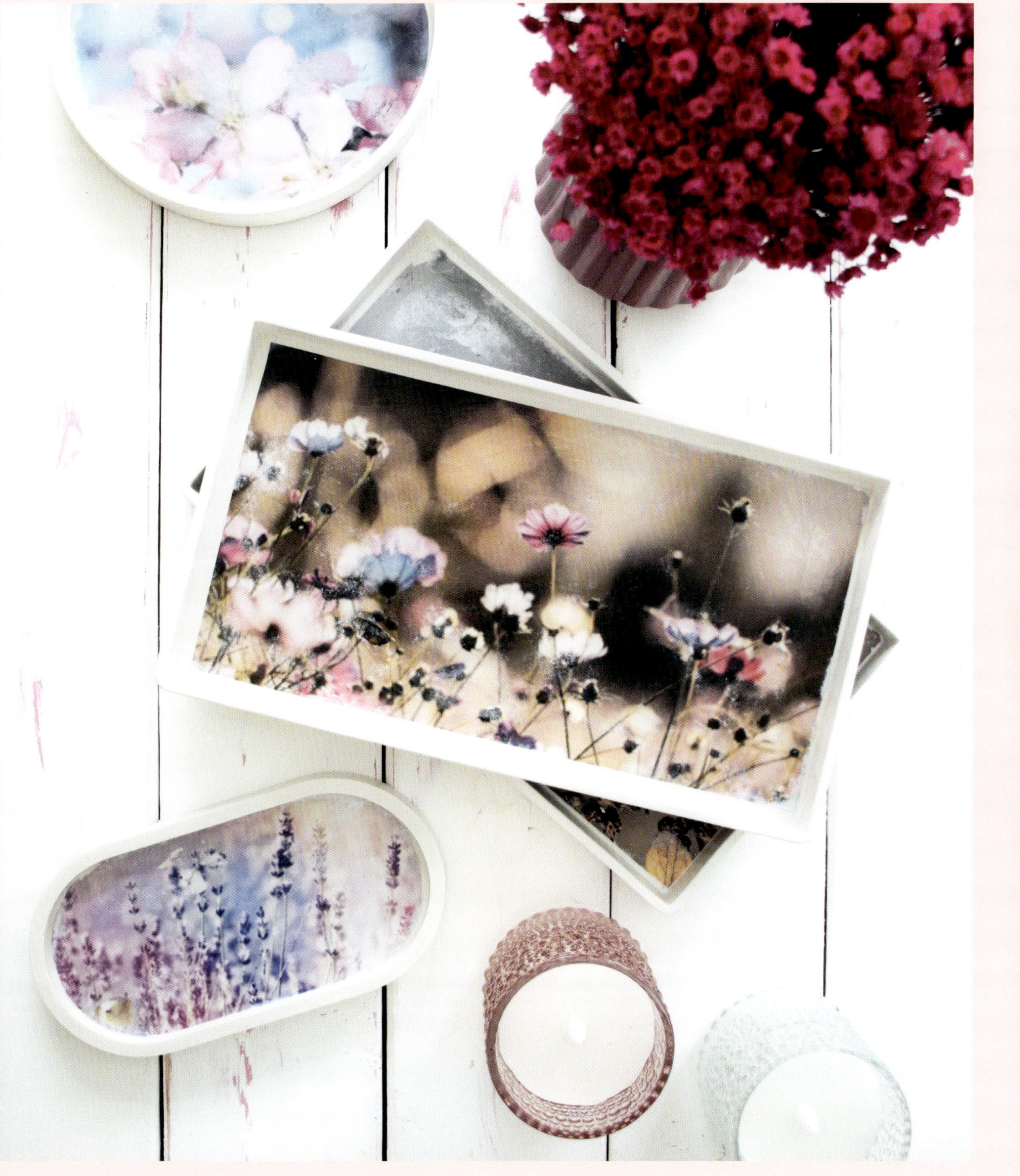

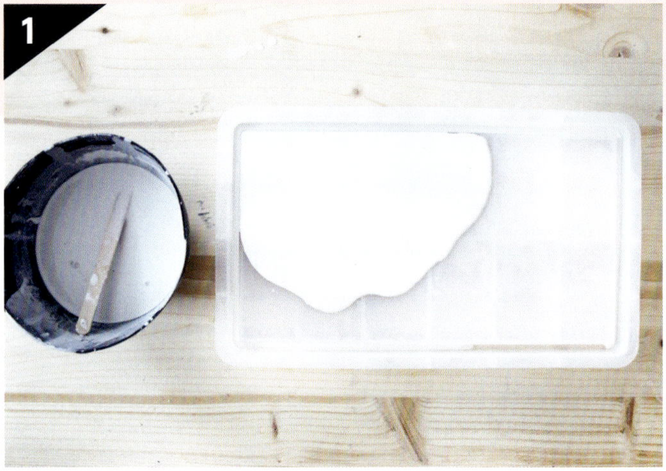

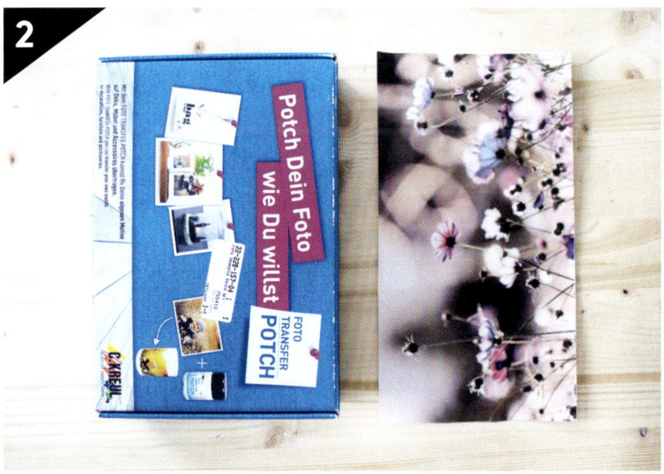

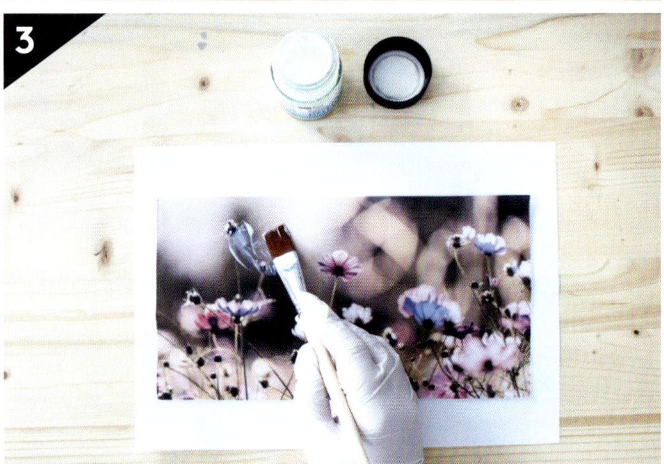

SO WIRD'S GEMACHT

1 Rühre das Raysin an und befülle damit die gesamte Silikonform. Für dieses Projekt eignen sich alle Formen, die eine grade Fläche für die Gestaltung haben. Bereits nach circa 1 Stunde kannst du das Tablett aus der Silikonform entnehmen und zum Aushärten auf ein Kuchengitter stellen.

2 Das Foto-Transfer-Set enthält, bis auf dein persönliches Motiv, alle Materialien, die du für dieses Projekt benötigst. Drucke dir, bevor du startest, dein Wunschbild mit dem Laserdrucker spiegelverkehrt aus.

3 Bestreiche die bedruckte Seite des Ausdrucks zügig mit dem enthaltenen Potch (Kleber).

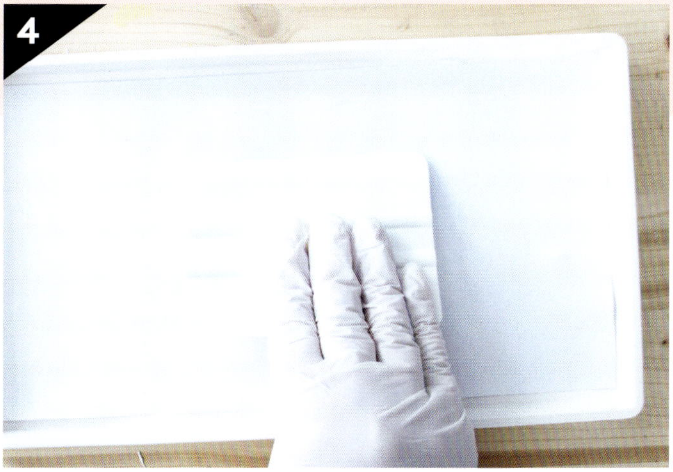

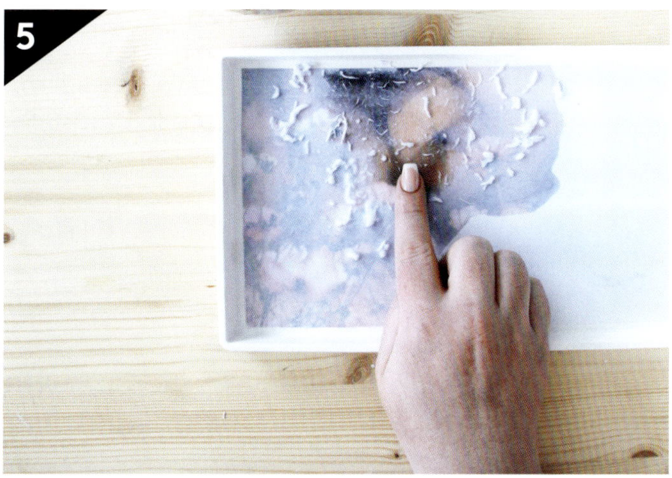

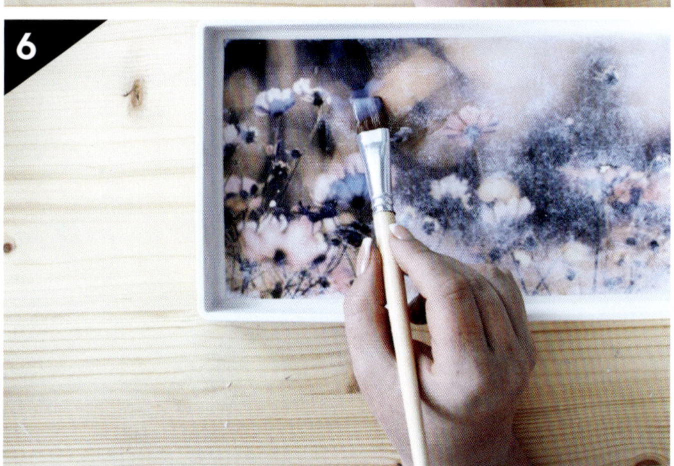

4 Nun wird das Bild mit der bestrichenen Seite nach unten auf dem Tablett platziert und mit der Rakel gleichmäßig angedrückt. Mit einem Föhn das bestrichene Bild für 10 Minuten trocknen. Alternativ kannst du es auch für 24 Stunden trocknen lassen.

5 Befeuchte das Bild dann mit Wasser und rubble mit den Fingern vorsichtig die Papierfasern weg. Das dauert eine Weile – danach lässt du das Bild trocknen, so siehst du auch, ob es noch Stellen gibt, die erneut von dir bearbeitet werden müssen.

6 Zum Schluss versiegelst du das gesamte Tablett mit Lack. So verleihst du dem Ganzen noch einen schönen Glanz.

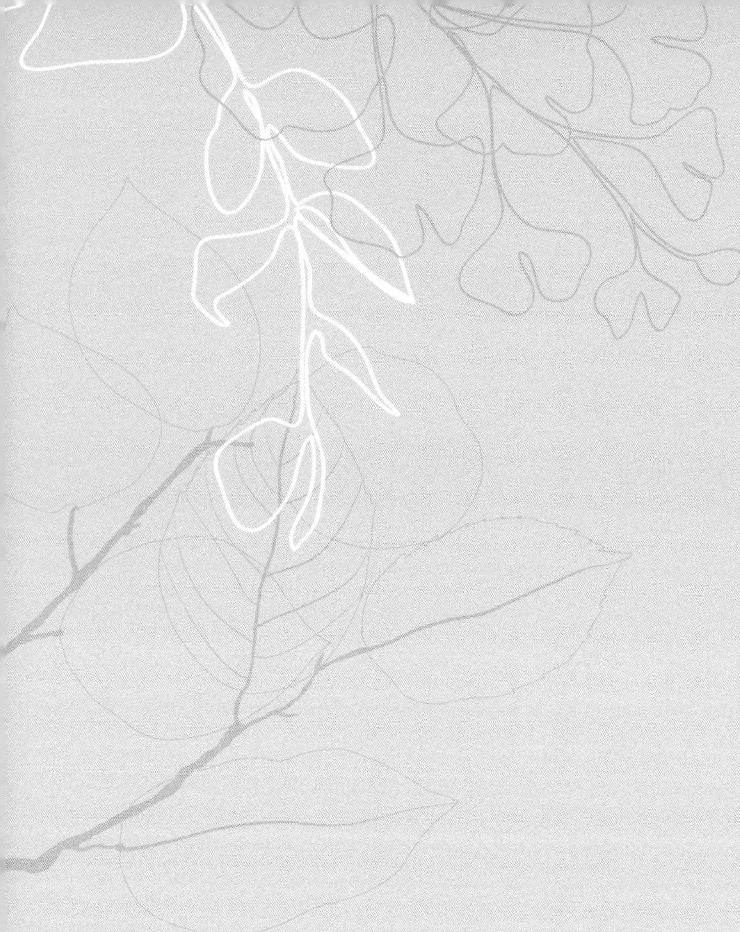

JESMONITE

PFLANZGEFÄSS

MIT VINYLDEKOR

MATERIAL

- 460 g Jesmonite Base
- 184 ml Jesmonite Liquid
- Mischbecher und Stäbchen
- Silikonform Pflanzschale (Unicraft)
- Farbpigment Jesmonite
- Schleifpapier, fein
- Plotter und Vinylfolie permanent in Schwarz
- Plottervorlage
- Transferfolie zum Übertragen des Schriftzuges
- Imprägnierung für Beton und Naturstein

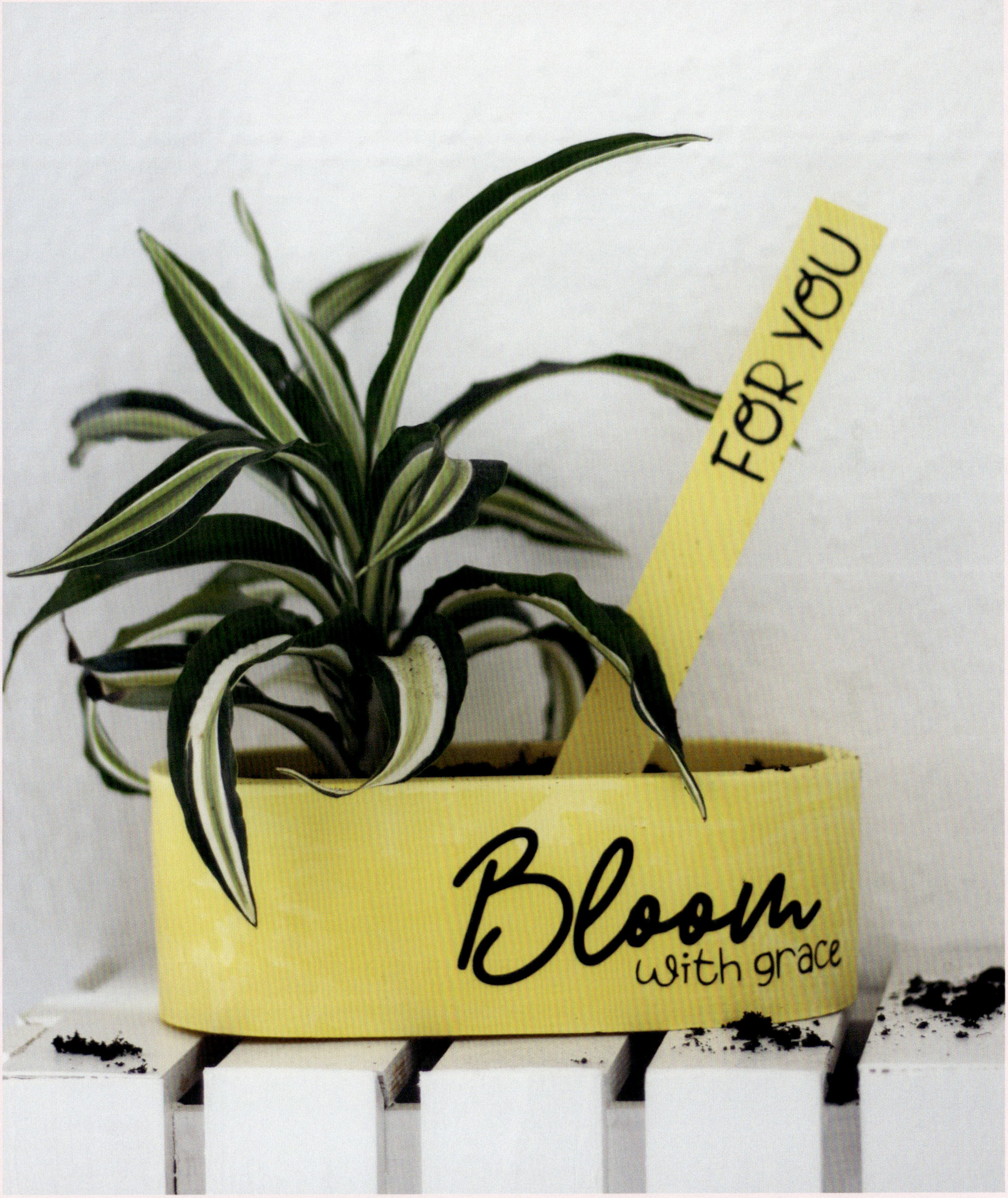
FOR YOU
Bloom
with grace

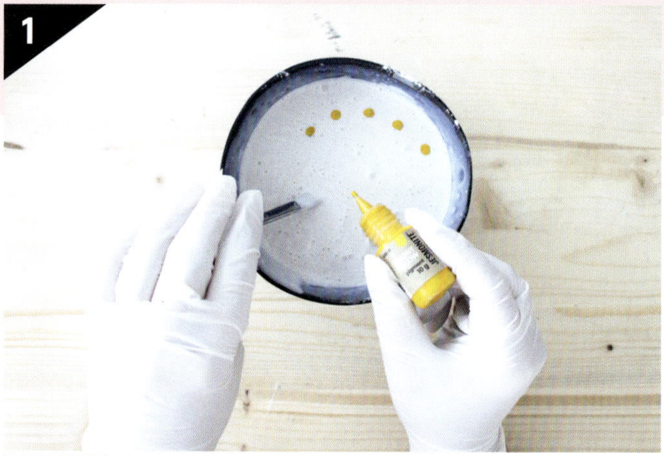

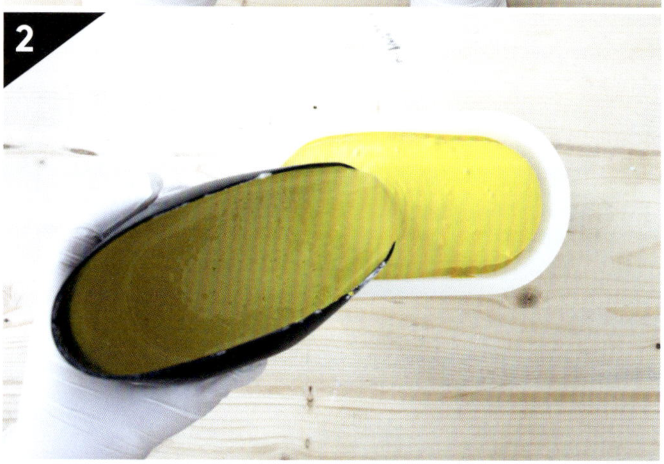

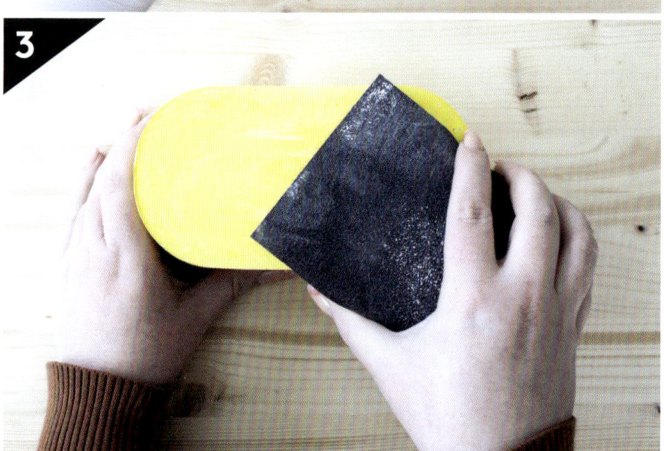

SO WIRD'S GEMACHT

1 Spüle die Silikonform zuvor mit Wasser aus, damit sich Staub nicht binden kann. Abtrocknen musst du die Form danach nicht. Miss die beiden Komponenten ab und verrühre sie zügig miteinander. Füge circa 25 Tropfen des farbintensiven Pigments von Jesmonite hinzu und rühre es unter die Masse, bis diese komplett eingefärbt ist.

2 Fülle die Silikonform mit der gefärbten Gießmasse und klopfe vorsichtig die Lufteinschlüsse heraus. Bei dieser Formgröße wölben sich die langen Seiten gern nach außen. Um dies zu verhindern, kannst du auf beiden Seiten zum Beispiel Bücher gegenstellen. Bereits nach 30 Minuten kannst du das Gefäß aus der Silikonform lösen und zum Trocknen auf ein Kuchengitter stellen. Nach 24 Stunden ist das Gefäß aus Jesmonite vollständig durchgetrocknet.

3 Schleife den Boden des Gefäßes mit feinem Schleifpapier ab.

4

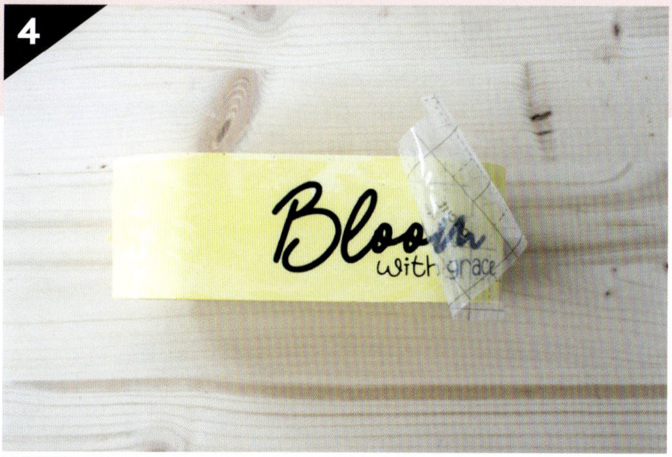

5

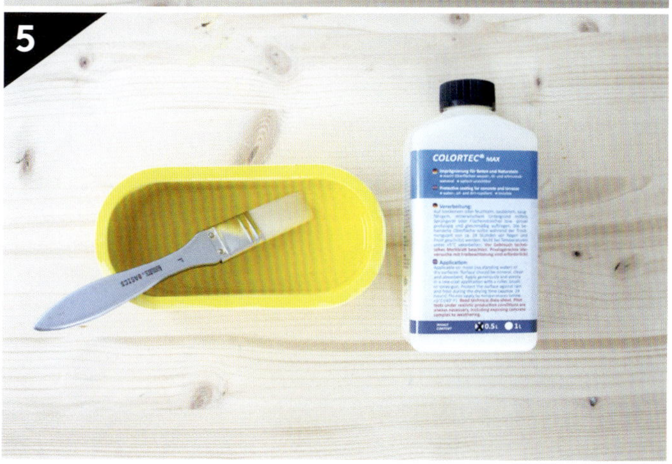

4 Schneide die Projektvorlage mit dem Plotter aus. Du findest sie unter Vorlagen auf bit.ly/vorlagenlieblingsstuecke. Übertrage das Vinyl auf eine der langen Seiten des Pflanzgefäßes mithilfe von Transferfolie. Achte darauf, die Größe der Vorlage an dein Objekt anzupassen.

5 Trage mit dem Pinsel die Imprägnierung auf die Innenseite des Pflanzgefäßes auf. Diese muss anschließend 24 Stunden trocknen. Erst danach kannst du dein Gefäß mit Blumen bepflanzen.

TIPP

Um Staunässe zu vermeiden, kannst du vor der Versiegelung mit einem Bohrer kleine Löcher auf der Unterseite hineinbohren. Achte anschließend beim Versiegeln darauf, die Unterseite und auch die Zwischenräume zu versiegeln.

GEFÄSSE

MIT BOTSCHAFTEN

MATERIAL

- 200 g Jesmonite Base
- 80 ml Jesmonite Liquid
- Mischbecher und Stäbchen
- Silikonform Schalen mit Deckel (Amazon)
- Farbpigmente Jesmonite
- Schleifpapier, fein
- Wasserschiebefolie
- Drucker + Vorlage
- Schere
- warmes Wasser

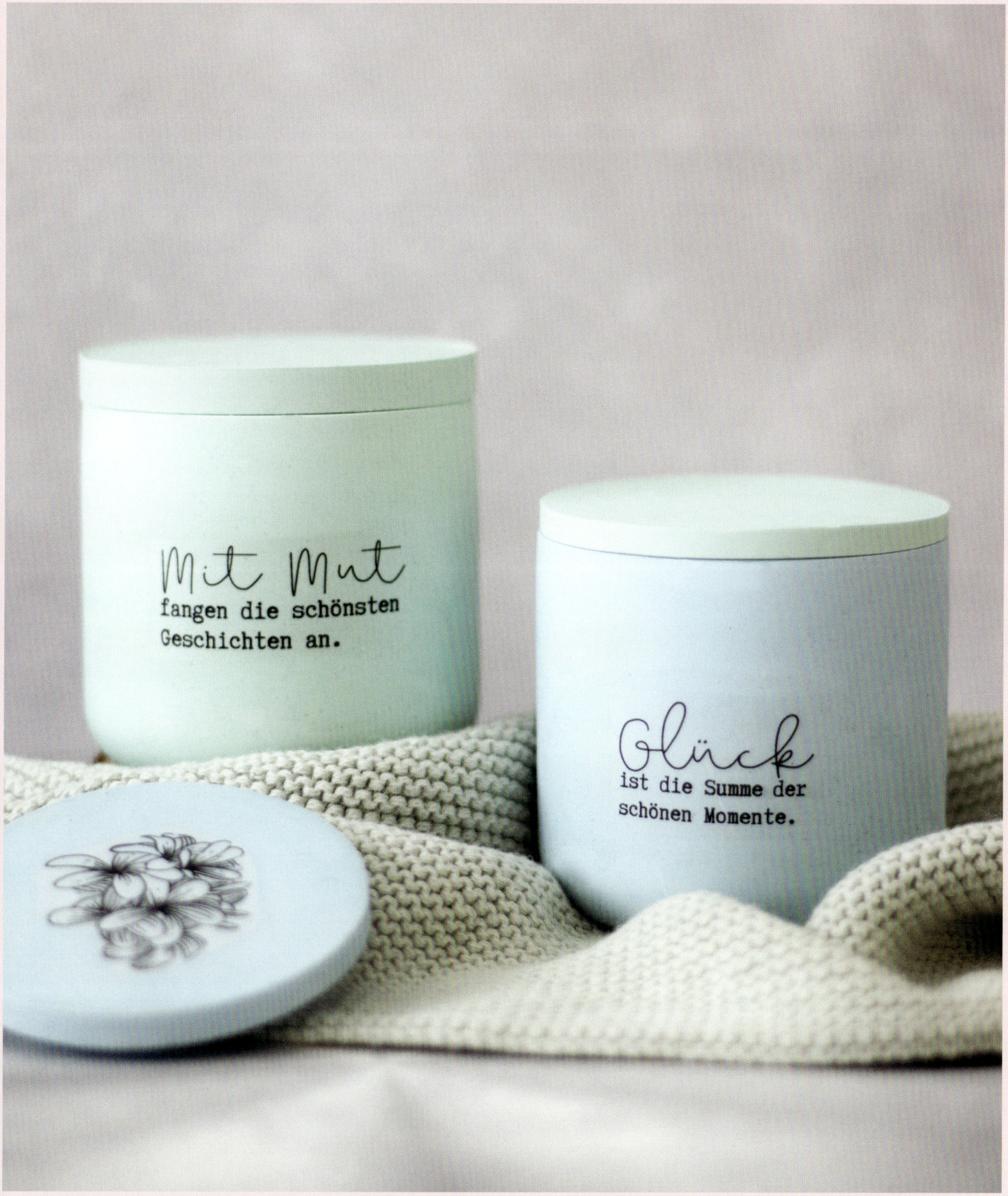
Mit Mut
fangen die schönsten
Geschichten an.
Glück
ist die Summe der
schönen Momente.

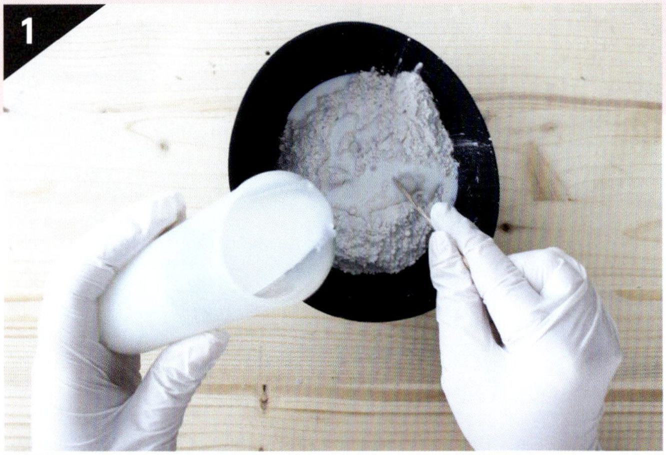

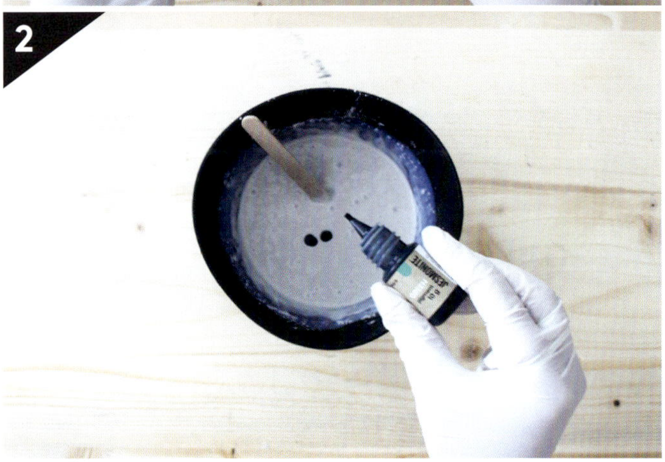

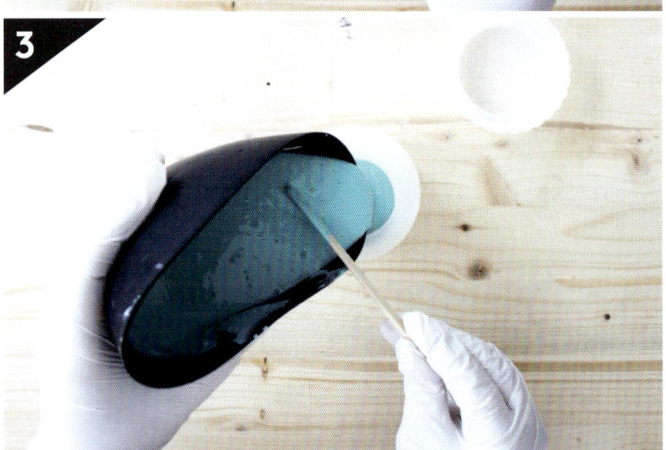

SO WIRD'S GEMACHT

1 Spüle die Silikonform zunächst mit Wasser aus, damit sich Staub nicht binden kann. Abtrocknen musst du die Form danach nicht. Miss die beiden Komponenten nach den Angaben ab und verrühre sie zügig miteinander, da sie sehr schnell binden.

2 Füge nach Geschmack mithilfe einer Pipette 2–3 Tropfen des Pigments von Jesmonite hinzu und rühre es unter die Masse, bis sie komplett eingefärbt ist.

3 Fülle die Silikonform mit der gefärbten Masse und klopfe vorsichtig die Lufteinschlüsse heraus. Verschiebe die Silikonform nach dem Befüllen nicht mehr, da es sonst zu Verformungen kommen kann und das Gefäß anschließend unrund ist.

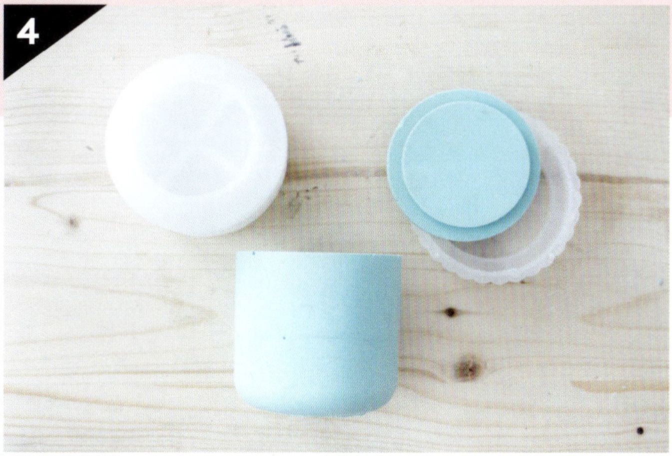

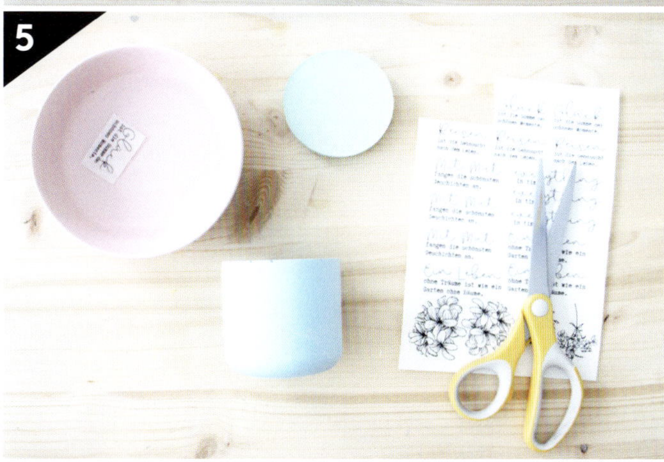

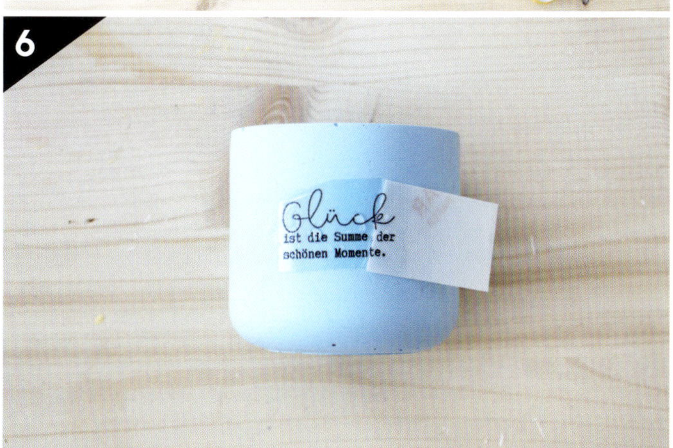

4 Bereits nach 30 Minuten kannst du das Gefäß aus der Silikonform lösen und die Unterseite mit Schleifpapier glatt schleifen. Zum Trocknen auf ein Kuchengitter stellen. Nach 24 Stunden ist das Gefäß aus Jesmonite vollständig durchgetrocknet.

5 Drucke die Vorlage auf Wasserschiebefolie aus. Du findest sie unter Vorlagen auf bit.ly/vorlagenlieblingsstuecke. Schneide deine Lieblingssprüche aus und lege die Streifen nach Herstellerangaben in warmes Wasser.

6 Schiebe die Folie vom Träger auf dein Gefäß und streiche die Folie mit feuchten Fingern glatt. Danach lässt du die Folie vollständig trocknen. Am besten über Nacht. Wenn du magst kannst du die Folie anschließend mit einem Schutzlack bestreichen.

TABLETT/ ORGANIZER

MIT MODERNEN MUSTERN

MATERIAL

- 700 g Jesmonite Powder
- 280 g Jesmonite Liquid
- Pigment in Grün und Blau
- 2 x Mischbecher und Löffel/ Holzstäbchen
- Silikonform Tablett (Jesmonite)
- Schleifpapier
- Kork
- Bleistift
- wasserfester Stift
- Imprägnierung für Beton und Naturstein

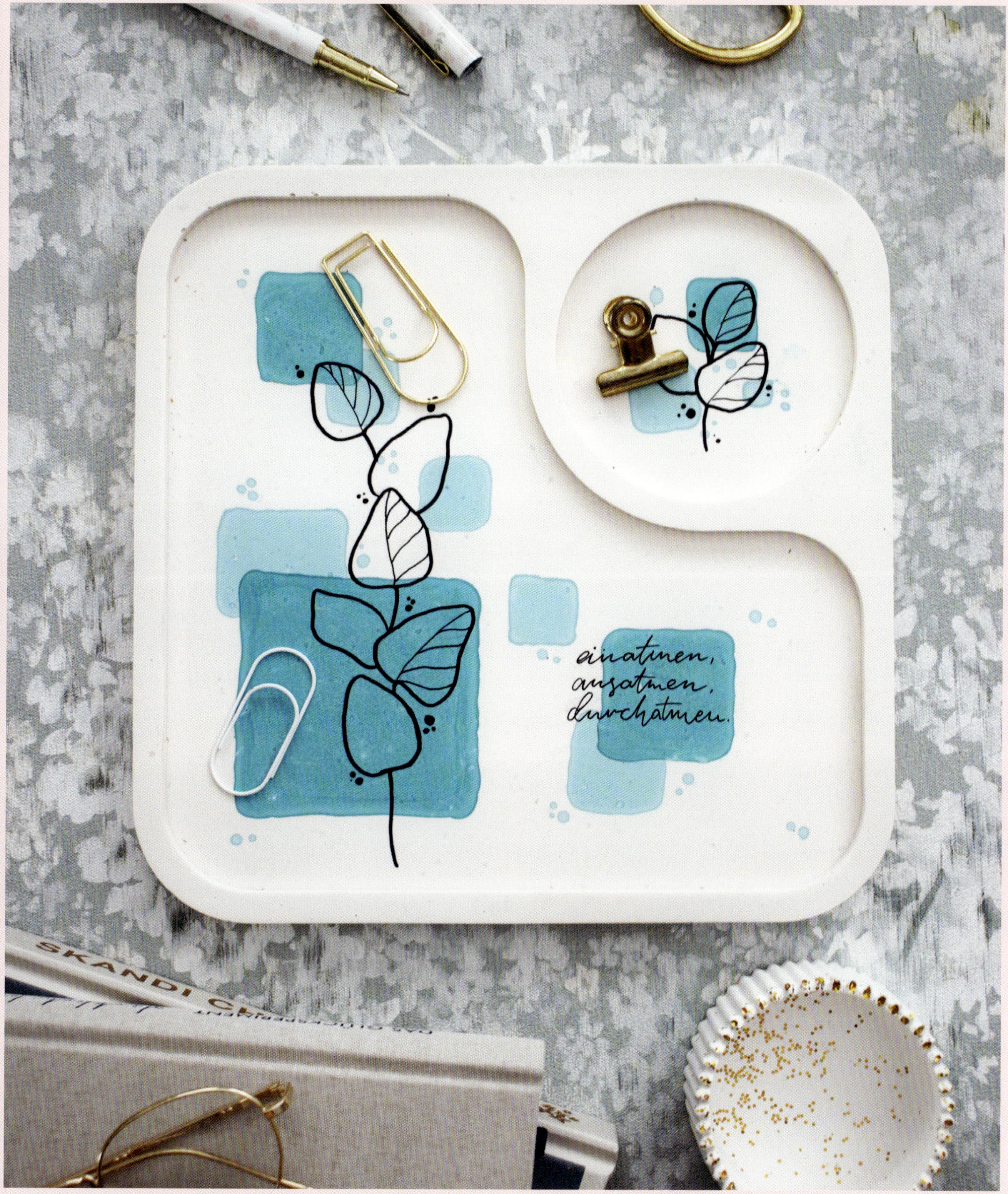
einatmen,
ausatmen,
durchatmen.

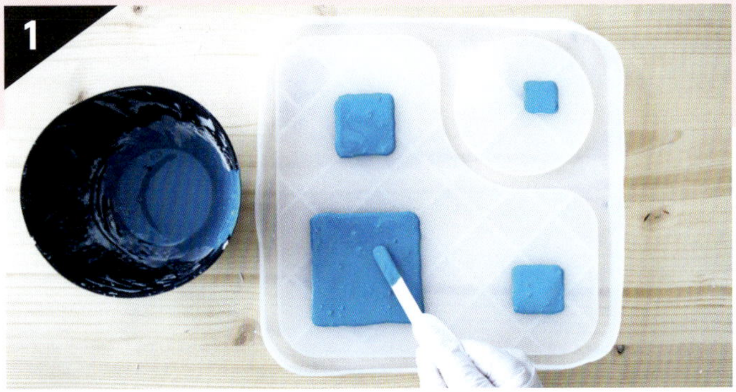

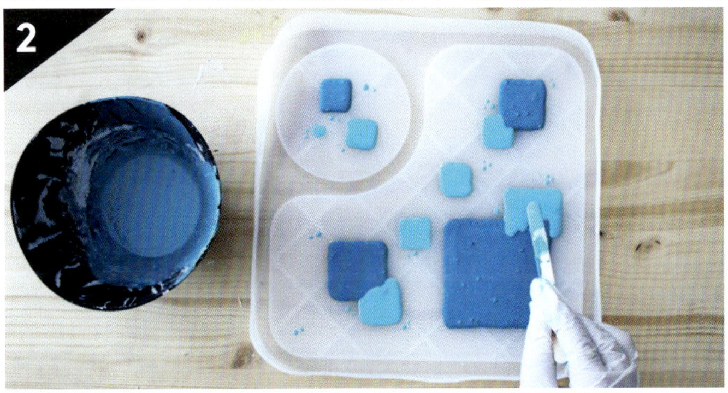

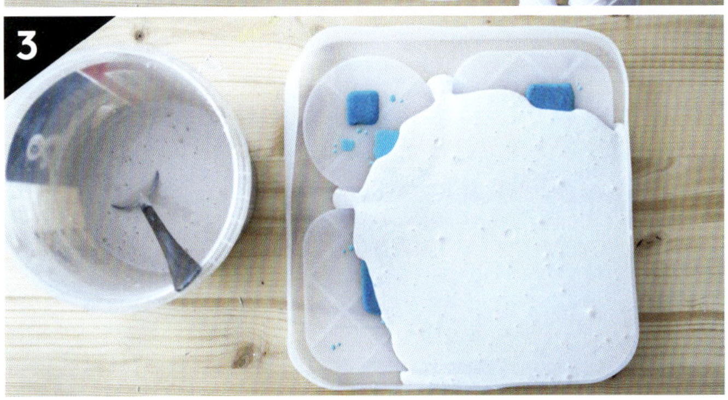

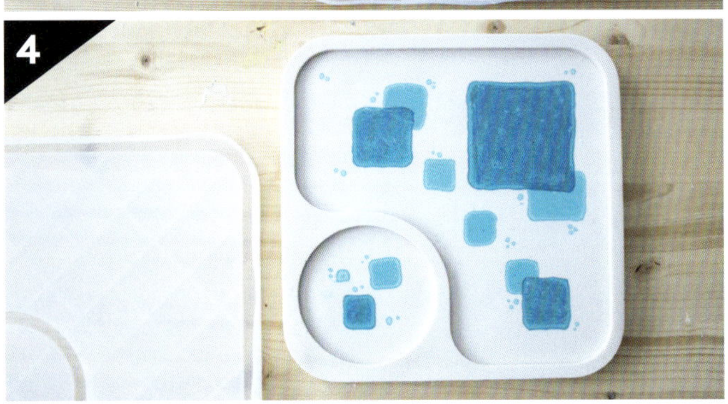

SO WIRD'S GEMACHT

1 Mische dir zuerst 30 g Jesmonite-Puder mit 12 g Jesmonite-Liquid an und tropfe 3 Tropfen Pigment in Grün und 1 Tropfen in Blau in die Masse. Rühre gut um, bis du ein sattes Türkis erhältst. Male mit einem Holzstäbchen Vierecke in unterschiedlichen Größen in die Silikonform hinein.

2 Danach mischt du erneut 30 g Jesmonite-Puder mit 12 g Jesmonite Liquid in derselben Schale an. Der Rest gefärbte Masse bleibt in der Schale. So hellst du den Farbton auf, ohne weiteres Pigment zu benötigen. Male danach weitere Vierecke in die Silikonform hinein. Diese können auch überlappend aufgemalt werden.

3 Die Vierecke für 10 Minuten härten lassen und vor Ablauf der Zeit die große Menge Jesmonite anrühren. Fülle damit dann die gesamte Silikonform.

4 Nach 45 Minuten kannst du das Tablett aus der Silikonform herauslösen und für 12 Stunden gut durchtrocknen lassen.

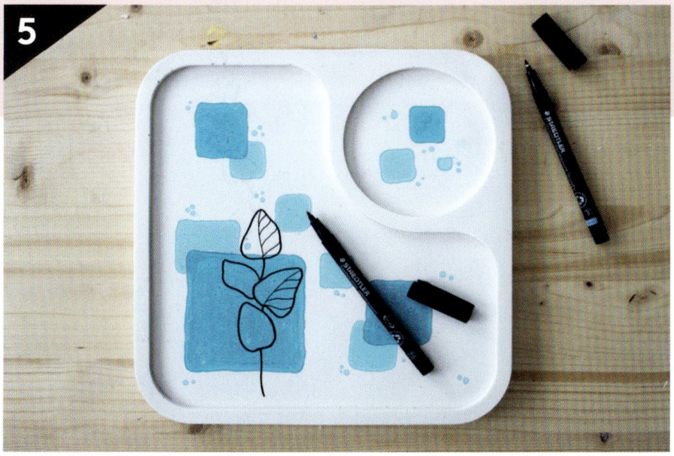

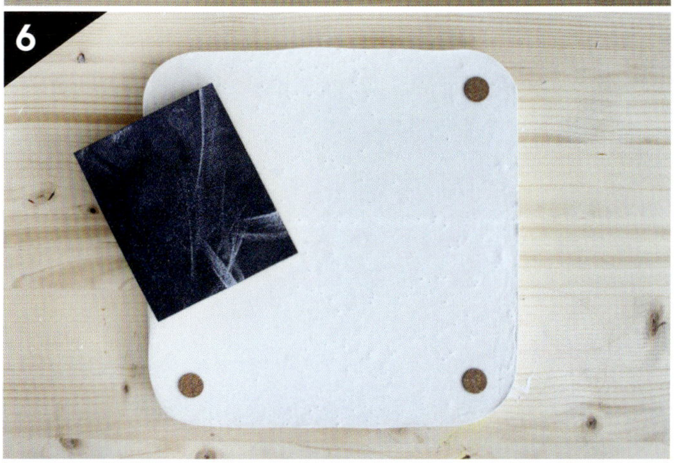

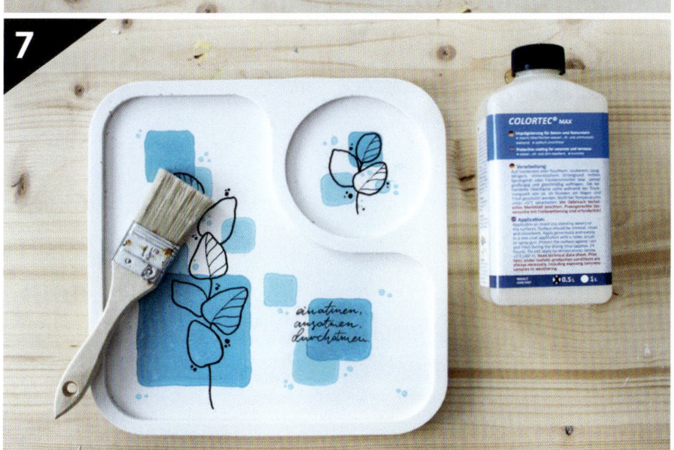

5 Nachdem das Tablett trocken ist, kannst du mit einem wasserfesten Stift Blätter und/oder Blüten aufmalen. Du kannst auch einen schönen Spruch daraufschreiben.

TIPP

Zeichne dir die Konturen mit Bleistift vor.

6 Schleife die Ränder mit Schleifpapier glatt und bringe kleine Korkkreise auf der Unterseite an.

7 Versiegle das Tablett, indem du mit einem Pinsel die Imprägnierung auf dem ganzen Tablett aufträgst.

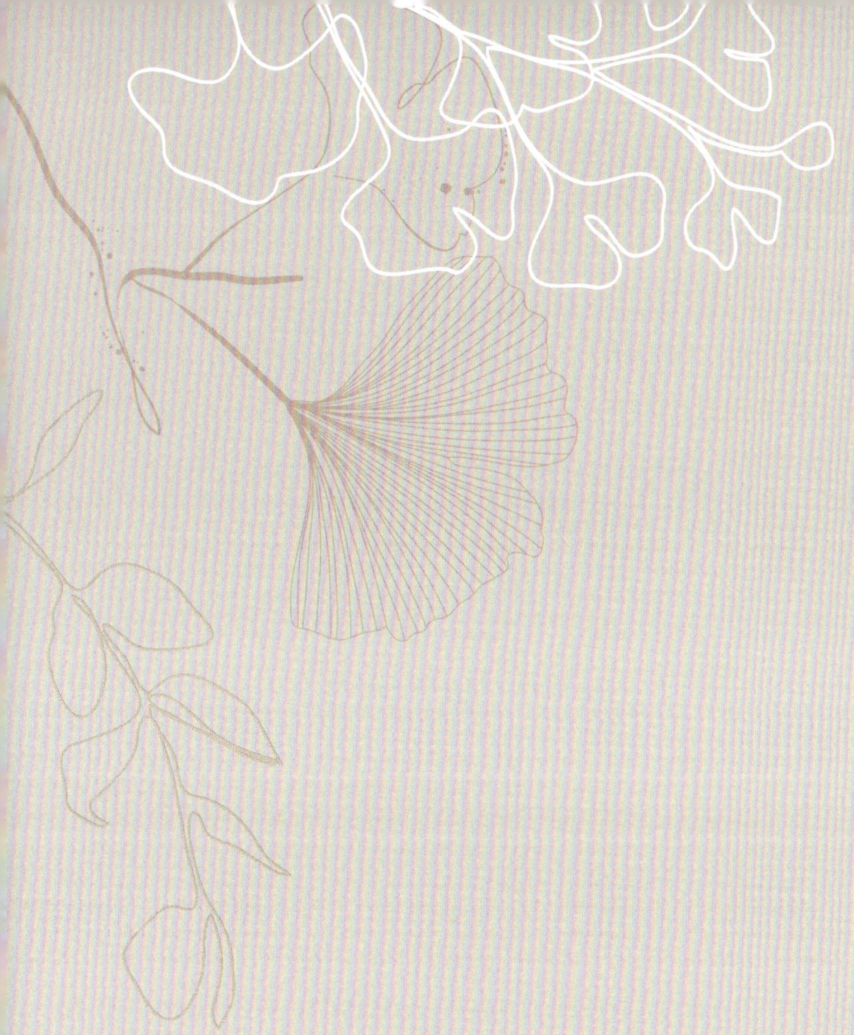

BETON

KERZE

MIT BETONFUSS

MATERIAL

- 150 g Kreativbeton 5 in 1 von Rayher
- 15 g Wasser
- 60 g Kerzenwachs
- Silikonform Zylinder (Amazon)
- Kerzendocht 20 cm lang
- Schale zum Erhitzen
- Kochtopf mit Wasser
- Rührstäbchen
- Silikonform Zylinder
- Mischbehälter
- Schleifpapier

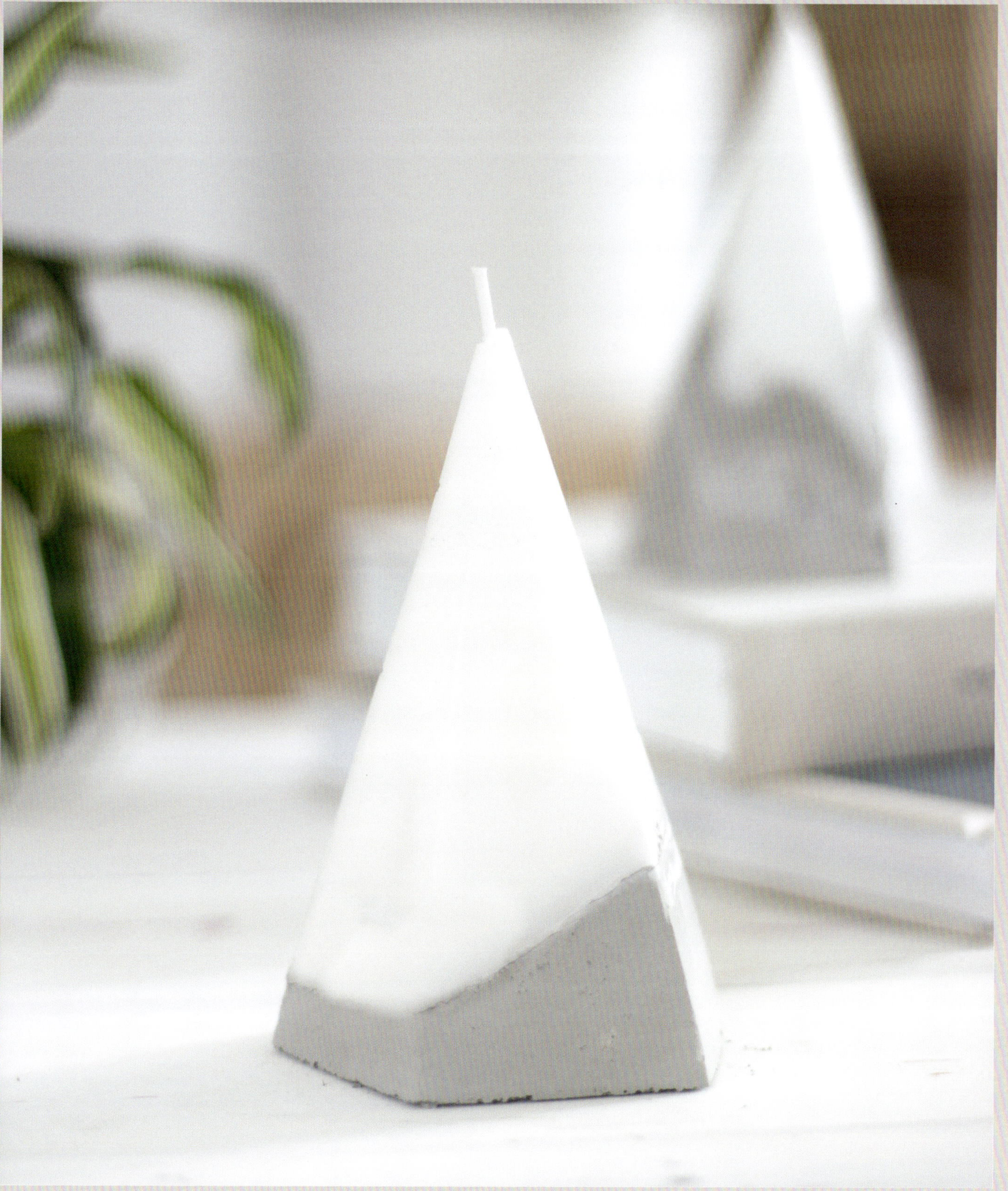

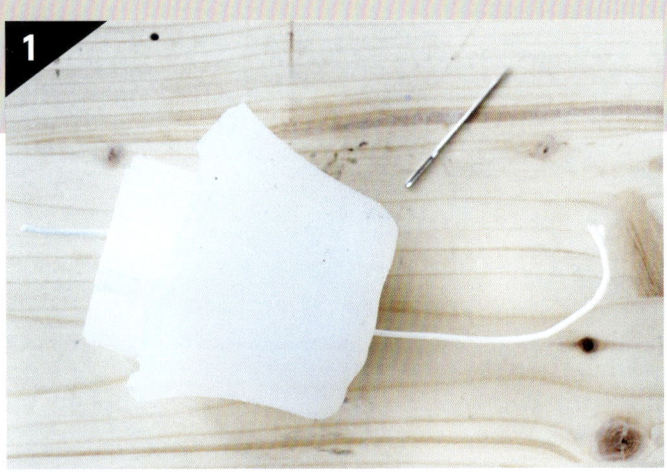

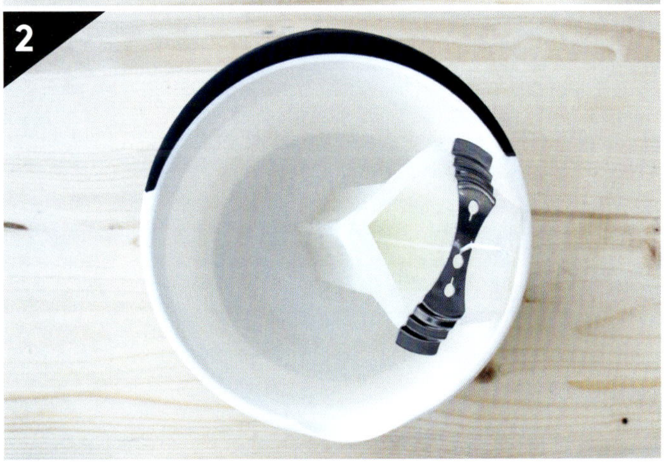

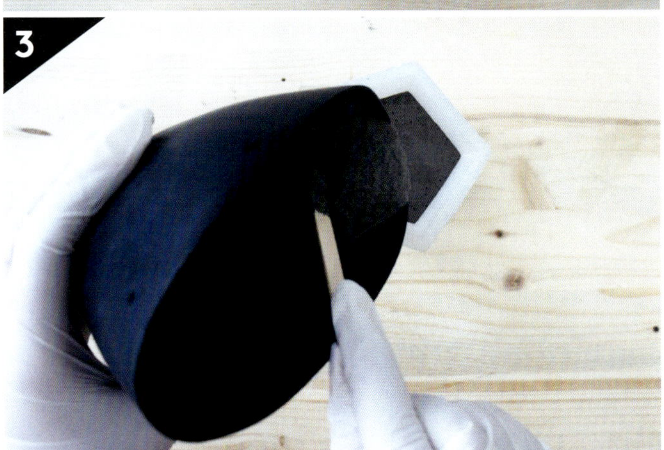

SO WIRD'S GEMACHT

1 Erhitze das Kerzenwachs, bis es flüssig ist. Währenddessen fädelst du den Kerzendocht auf eine Nadel auf und schiebst diese durch die Spitze der Silikonform hindurch. Das ist etwas knifflig, deshalb bewahre dabei Geduld.

2 Fülle das flüssige Wachs in die Silikonform ein und stelle die Form leicht schräg in eine Schale hinein. Das Wachs in der Form muss nun vollständig aushärten, bevor du weiterarbeiten kannst. Du kannst das Wachs zum Härten in den Kühlschrank stellen.

3 Nachdem das Wachs getrocknet ist, rührst du dir gemäß der Angaben den Kreativbeton an. Die Silikonform kann jetzt grade ausgerichtet werden. Du kannst die Silikonform auch in Sand hineinstellen. Schneide den Docht 0,5 cm über dem Wachs ab. Dieser Rest wird zum Fixieren mit in den Beton eingegossen.

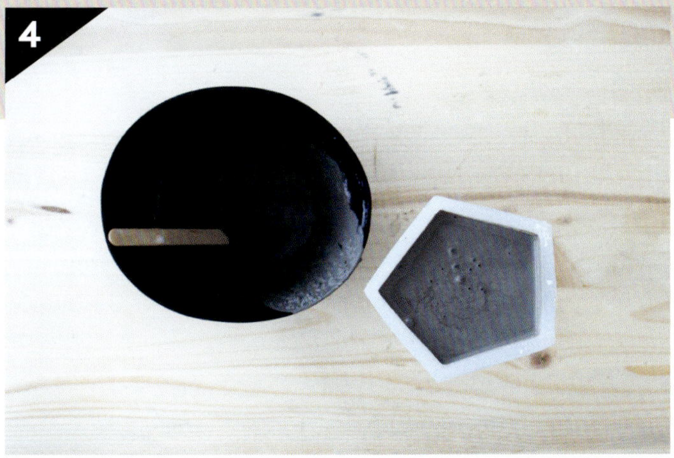

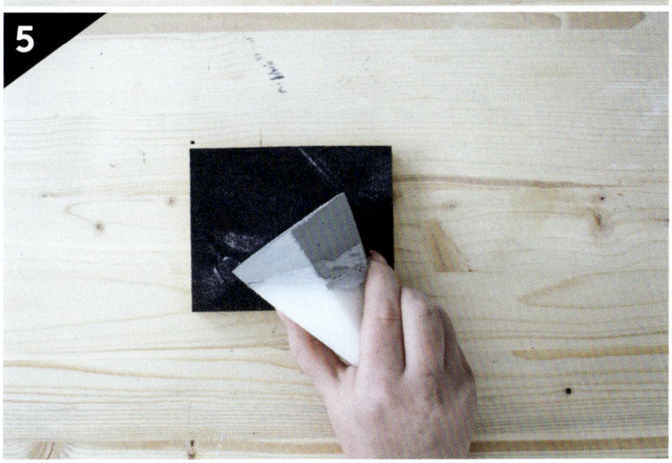

4 Fülle den Beton in die Silikonform ein und lasse ihn für 24 Stunden aushärten. Nach Ablauf der Zeit entfernst du die Silikonform und ziehst den Docht vorsichtig mit aus der Silikonform heraus.

5 Glätte die Kanten und Unebenheiten am Betonfuß mit Schleifpapier. Fertig ist deine Kerze.

HINWEIS

Löse das Kerzenwachs nicht aus der Form, da der Beton sich sonst seinen Weg sucht und du nicht zum gewünschten Ergebnis kommst.

TABLETTS

MIT RELIEF

MATERIAL

- 700 g Kreativbeton 5 in 1 von Rayher
- 70 g Wasser
- Silikonform Dekotablett – Ring mit Streifen Ø 30 cm x 2 cm (Marke: Beton In Form)
- Mischbecher und Löffel
- Beton-Art-Liner z. B. von VBS Hobby
- Entgitterhaken
- Schleifpapier

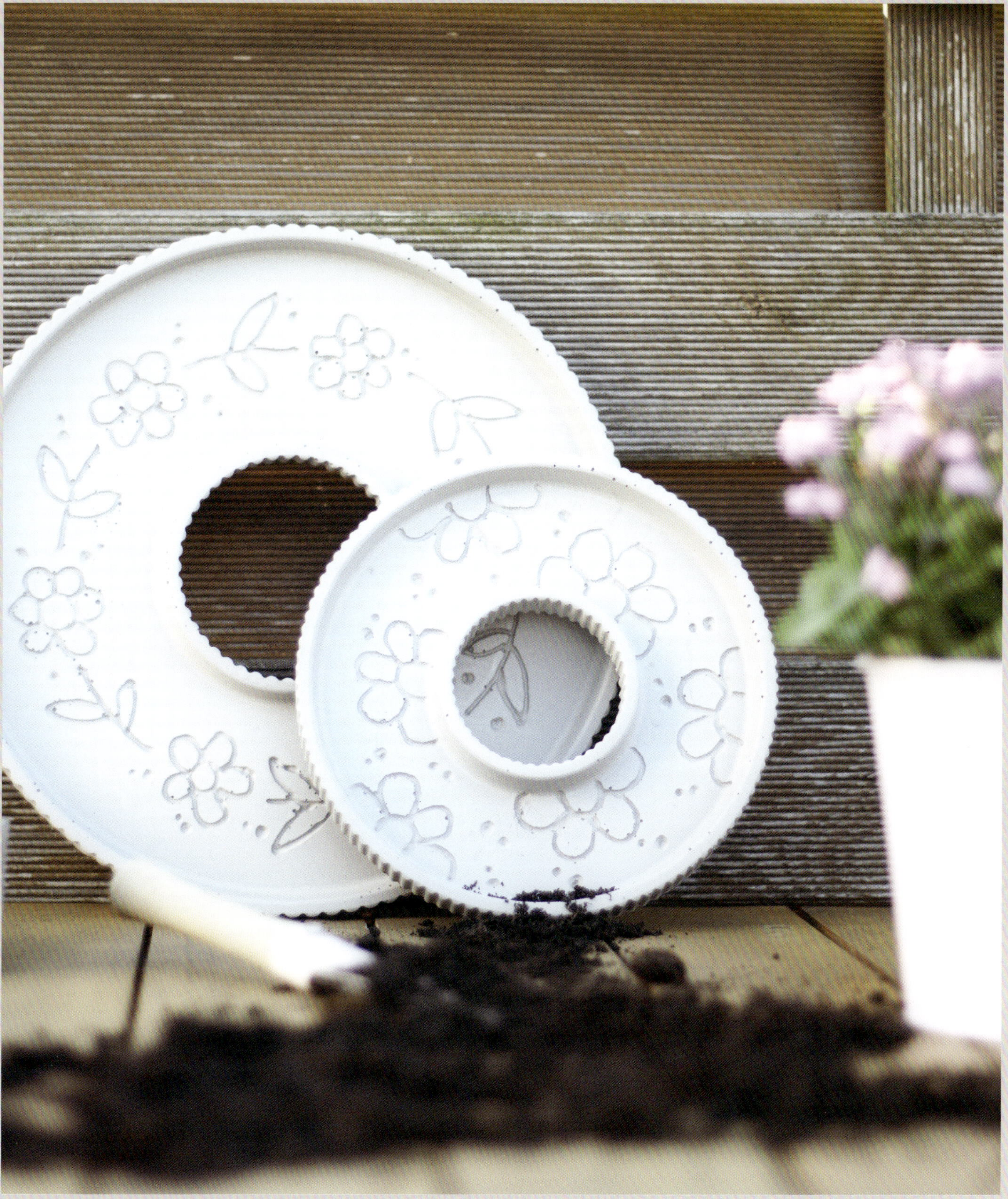

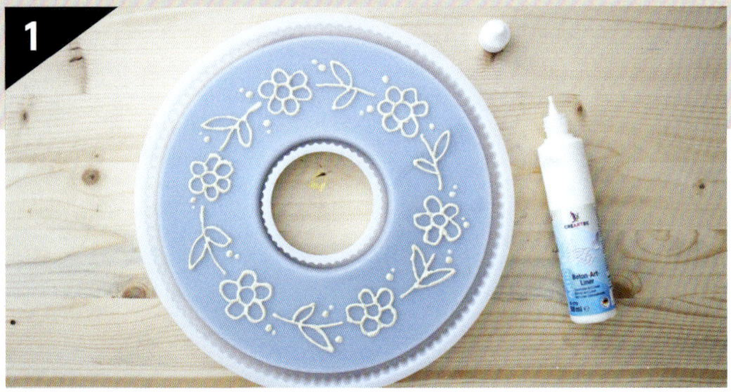

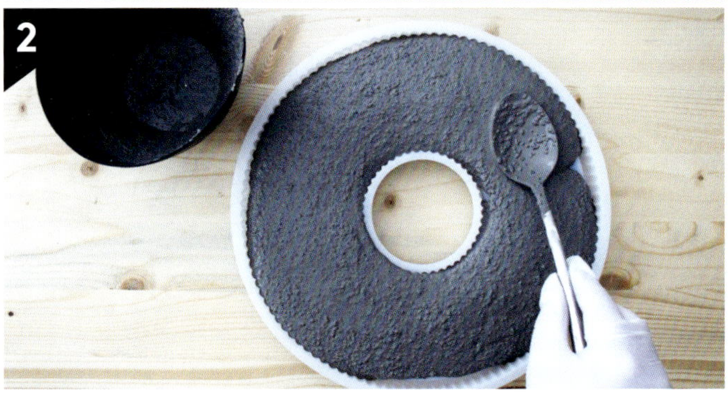

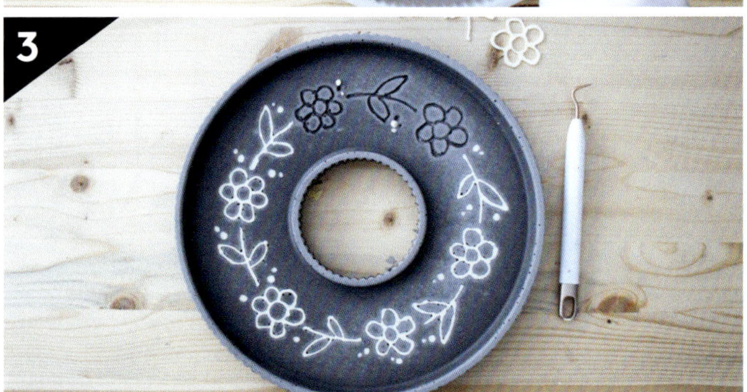

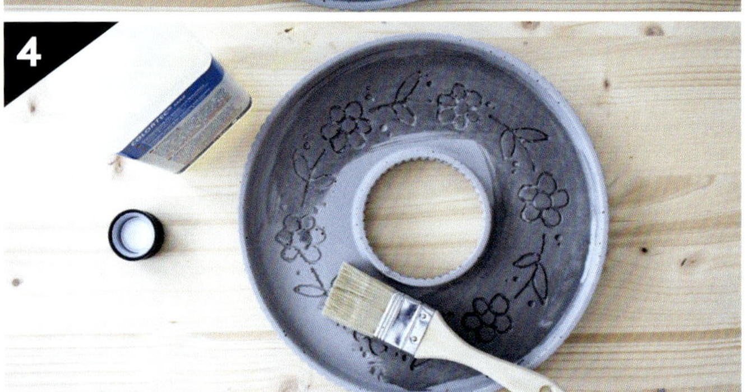

SO WIRD'S GEMACHT

1 Mache dich mit dem Beton-Art-Liner vertraut. Bemale anschließend deinen Silikonring mit Motiven deiner Wahl. Danach sollten die Konturen für 3 Stunden trocknen.

2 Wenn die Konturen getrocknet sind, kannst du den Beton für die Silikonform anrühren und ihn häufchenweise mithilfe eines Löffels in die Form füllen. Rüttle ordentlich an der Silikonform, um Lufteinschlüsse an die Oberfläche zu bringen. Diese sammeln sich meistens an den Rändern. Daher solltest du diese besonders lange rütteln.

3 Der Betonring sollte nun langsam trocknen. Nach frühstens 8 Stunden kannst du die Silikonform entfernen. Danach nimmst du direkt die einzelnen gummiartigen Dekoelemente, die du zuvor mit dem Beton-Art-Liner auf die Silikonform gemalt hast. Nützlich hierfür ist zum Beispiel ein Entgitterharken. Lass dann den Betonring vollständig trocknen.

4 Wenn du den Ring als Garten- oder Balkondeko nutzen möchtest, solltest du ihn nach vollständiger Trocknung noch mit einer Imprägnierung für Beton behandeln, das geht am besten großzügig mit einem Pinsel.

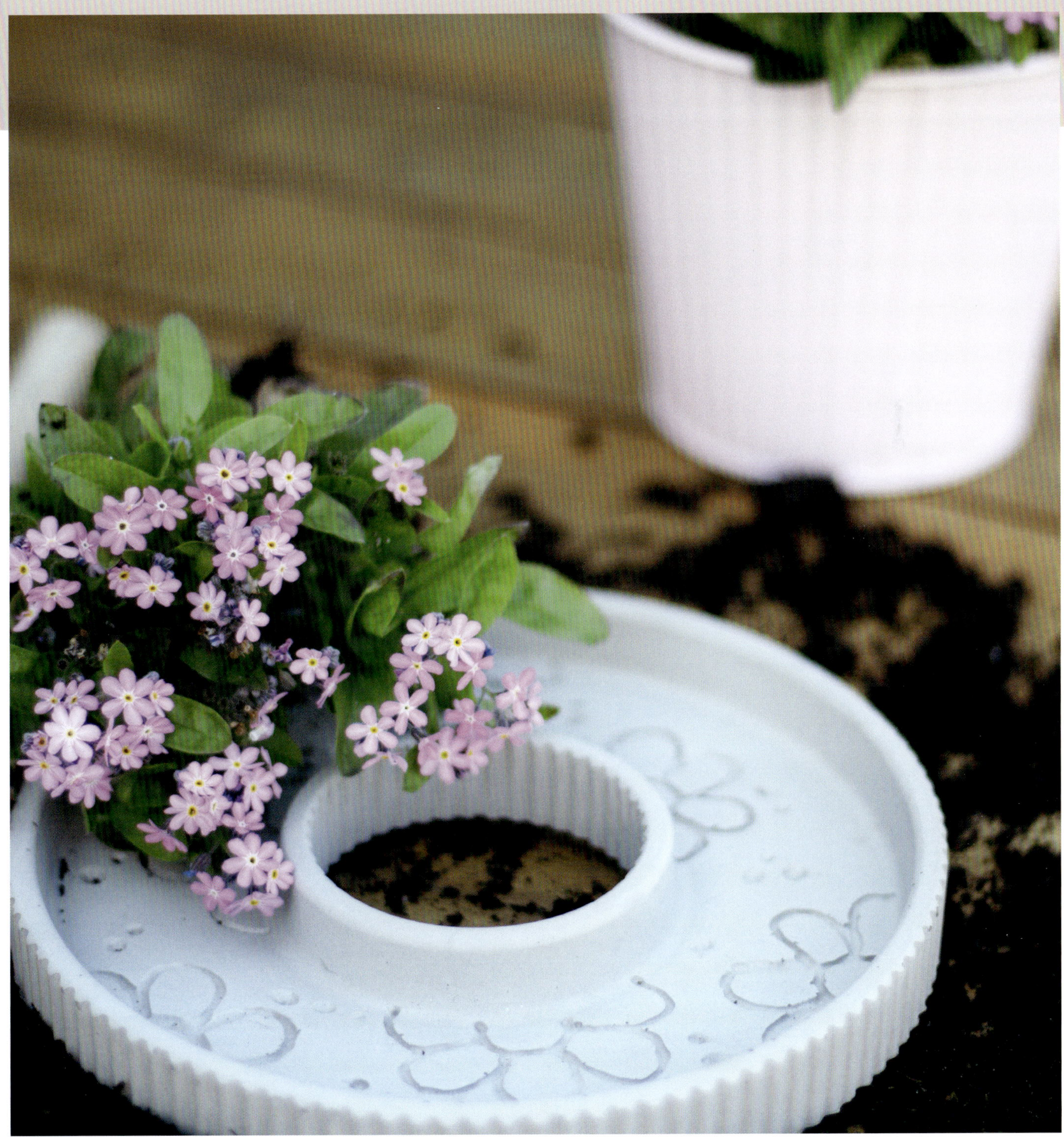

VASE UND TEELICHTHALTER

IM WABEN-LOOK

MATERIAL

- 450 g Kreativbeton von Rayher
- 45 g Wasser
- Mischbecher und Rührstäbchen
- leere Verpackung von Joghurtdrinks in unterschiedlichen Größen
- Moosgummi
- doppelseitiges Klebeband
- Schere und Stift (Kugelschreiber)
- Cuttermesser
- Reagenzgläser und Kerzentüllen (Amazon)

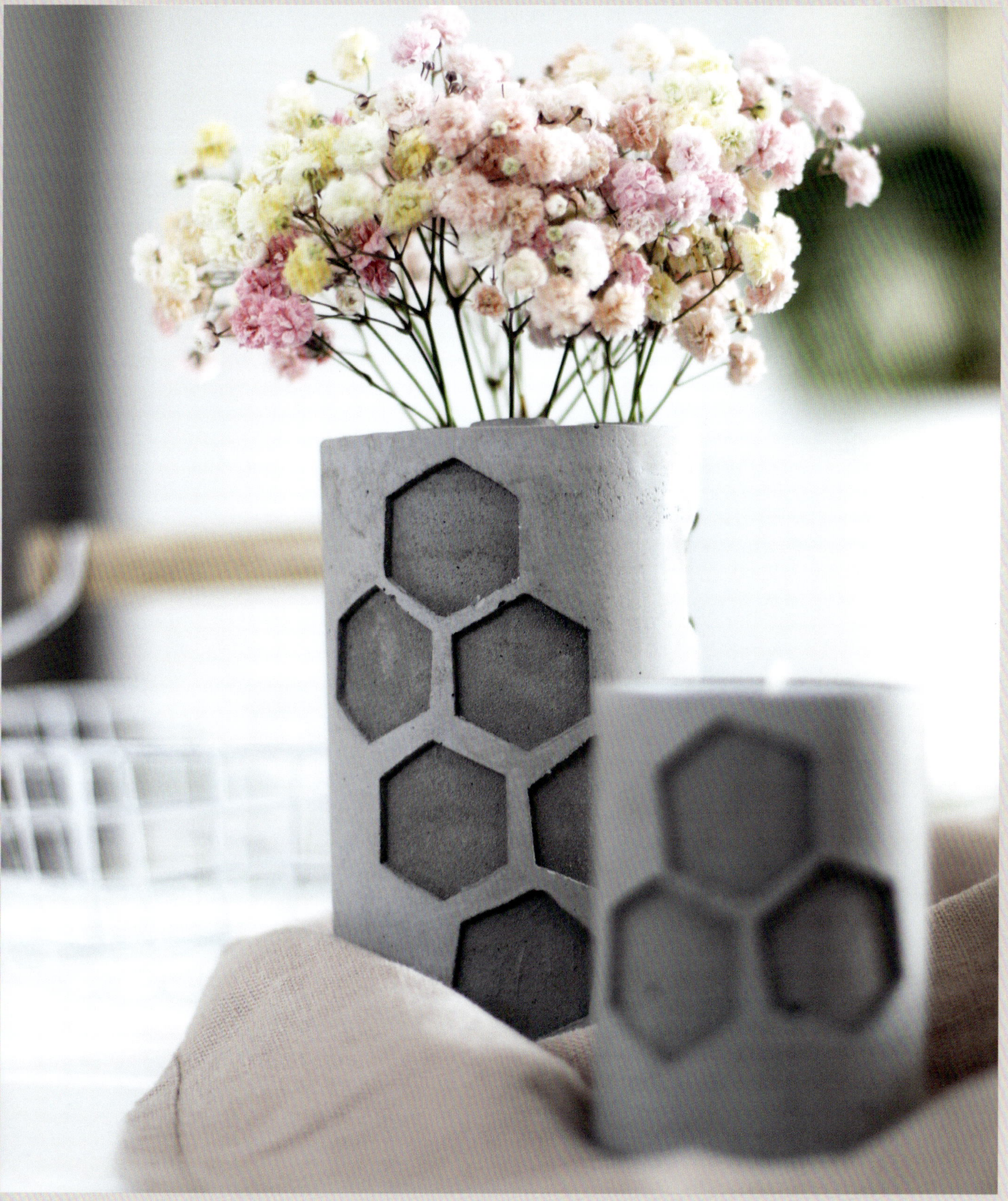

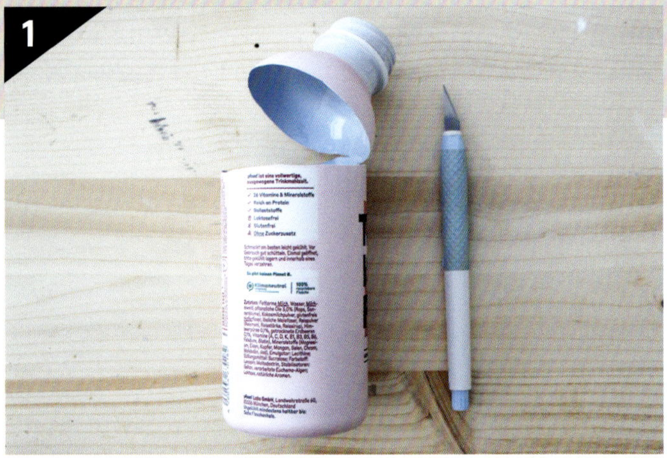

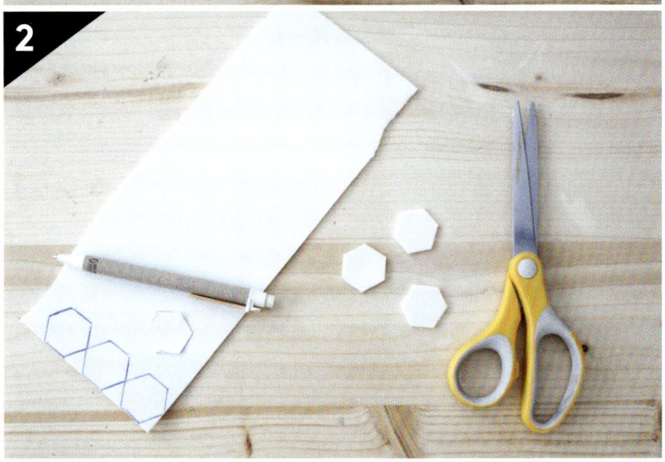

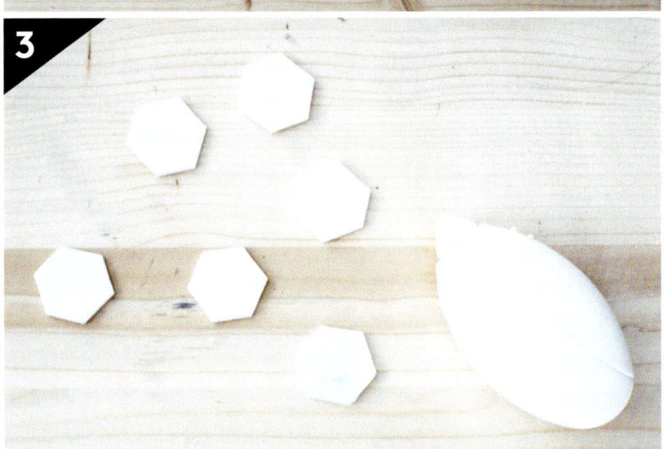

SO WIRD'S GEMACHT

1 Wasche die leeren Verpackungen und trockne sie innen gut ab. Anschließend wird der Flaschenhals mithilfe des Cuttermessers rundum abgeschnitten.

2 Zeichne dir die Umrisse der Hexagon-Vorlage auf das Moosgummi und schneide sie anschließend mit der Schere aus.

3 Die einzelnen Hexagons nun von einer Seite mit doppelseitigem Klebeband versehen. Danach klebst du sie ins Innere deiner Verpackung, sodass ein Wabenmuster entsteht.

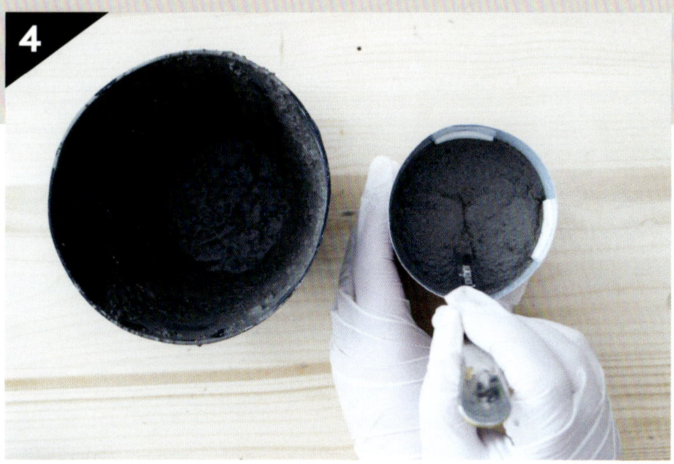

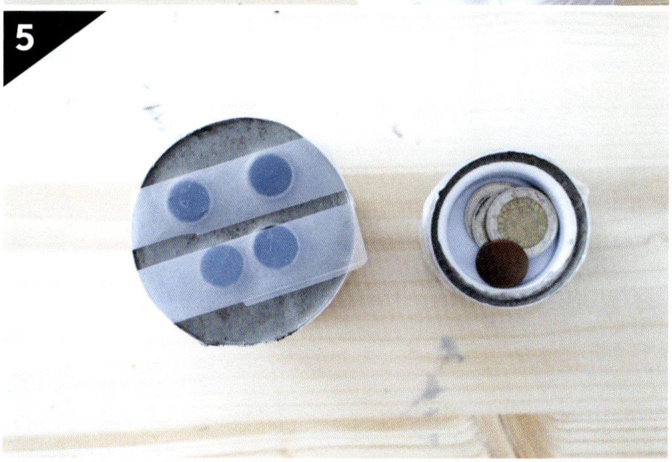

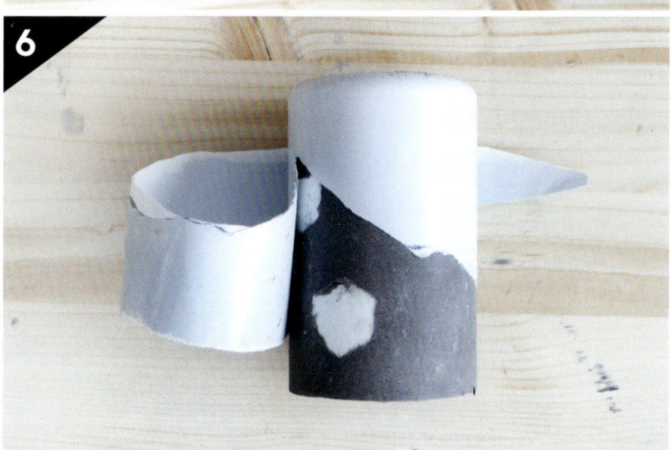

4 Rühre den Beton an und fülle ihn zügig in deine Form. Zum Rand sollte fingerbreit Platz gelassen werden.

5 Platziere die Reagenzgläser oder Kerzentüllen mittig im Beton. Je mehr du verwendest, desto weniger Beton wird benötigt, da dieser durch das Einschieben der Objekte nach oben gedrückt wird. Fixiere die Reagenzgläser oder Kerzentüllen mit Geldstücken, Wasser, Klebestreifen oder Ähnlichem.

6 Die mit Beton gefüllten Verpackungen lässt du nun für 24 Stunden aushärten. Danach kannst du die Umverpackung mit dem Cutter einritzen und diese vollständig entfernen und entsorgen. Auch die Hexagone werden nun entfernt.

TIPP

Wenn du magst, kannst du die einzelnen Hexagone farbig ausmalen und sie damit in den Vordergrund rücken.

TÜRSTOPPER

MIT GARNDETAILS

MATERIAL

- 1500 g Kreativbeton von Rayher
- 150 g Wasser
- Mischbecher und Löffel
- leere Verpackung viereckig
- Cuttermesser oder Schere
- Schnur z. B. Makrameegarn 10 mm
- Holzspieß
- Schleifpapier
- Klebestreifen
- Sekundenkleber/ Alleskleber

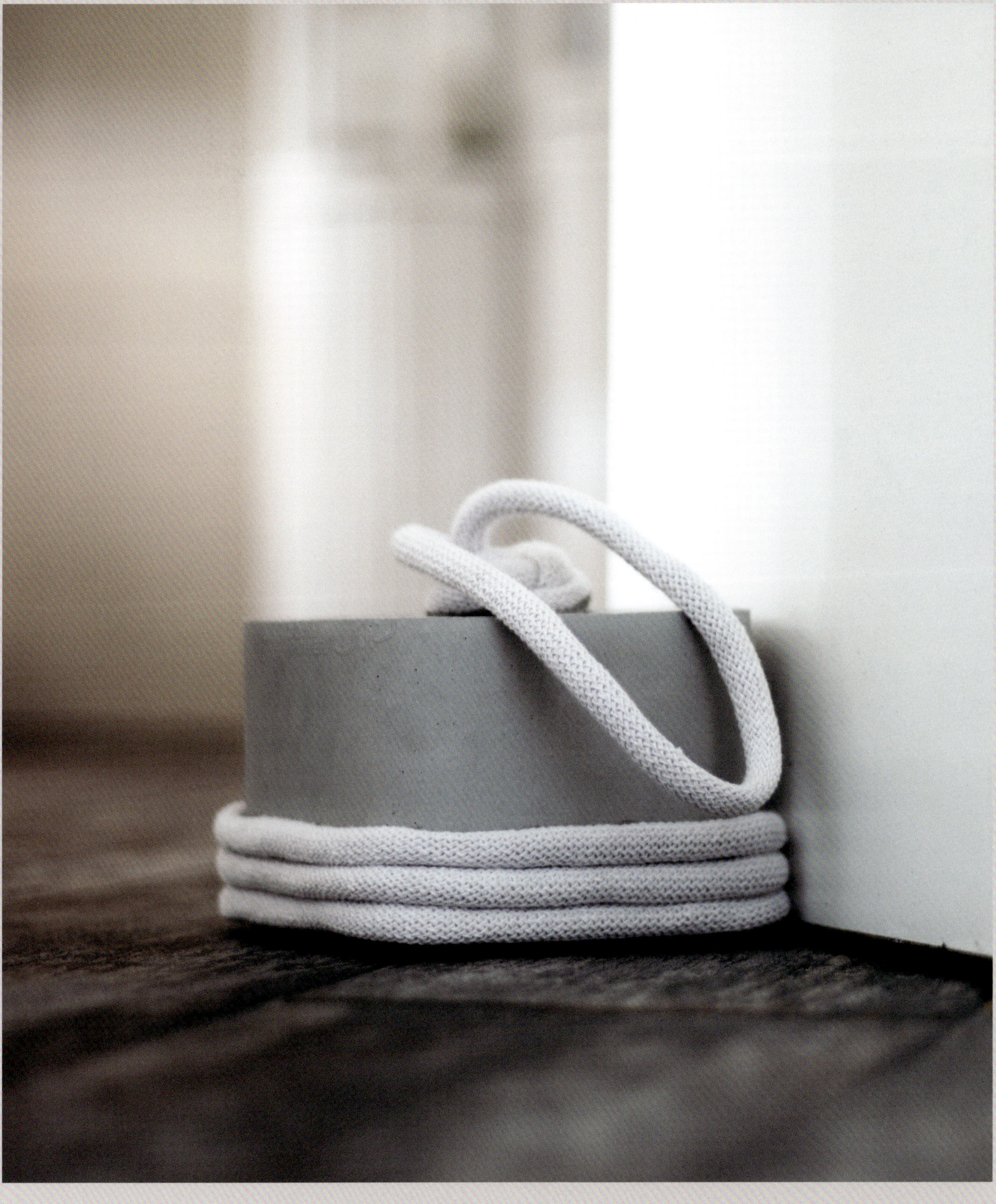

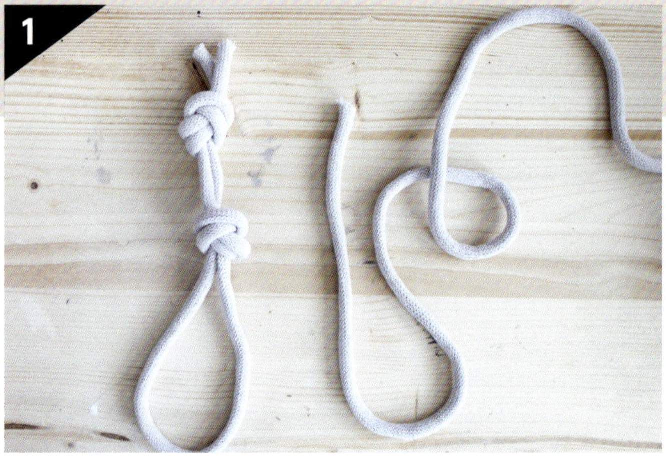

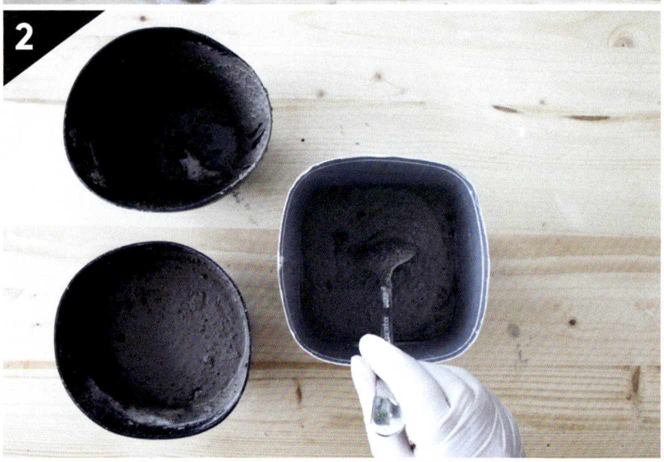

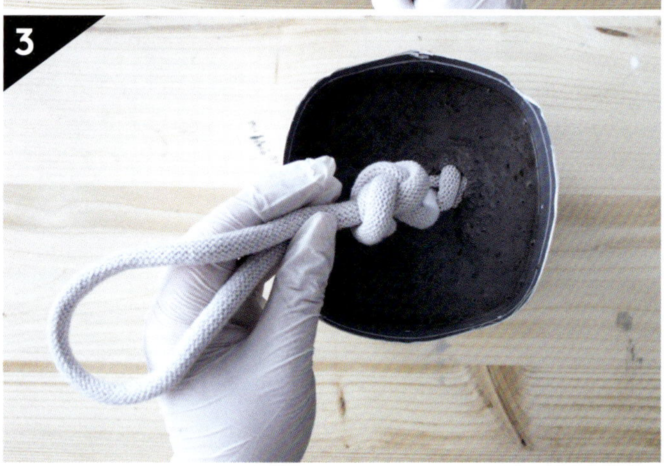

SO WIRD'S GEMACHT

1 Schneide ein 50 cm langes Stück Schnur ab. Lege es zur Schlaufe zusammen und binde mittig einen Knoten. Ein paar Zentimeter unter dem ersten Knoten wird ein zweiter Knoten geknotet. Dieser verschwindet später im Beton.

2 Danach kannst du direkt den Beton in einem größeren Gefäß anmischen. Solltest du kein großes Gefäß zur Hand haben, kannst du die Masse auch aufteilen. Gieße den Beton schrittweise in die Form hinein und stampfe mit dem Löffel etwas nach.

3 Stecke die Schnur mit dem Knoten mittig in den Beton. Drücke den Knoten mit dem Holzstäbchen nach unten. Der zweite Knoten sollte auf der Masse aufliegen und nicht darin verschwinden.

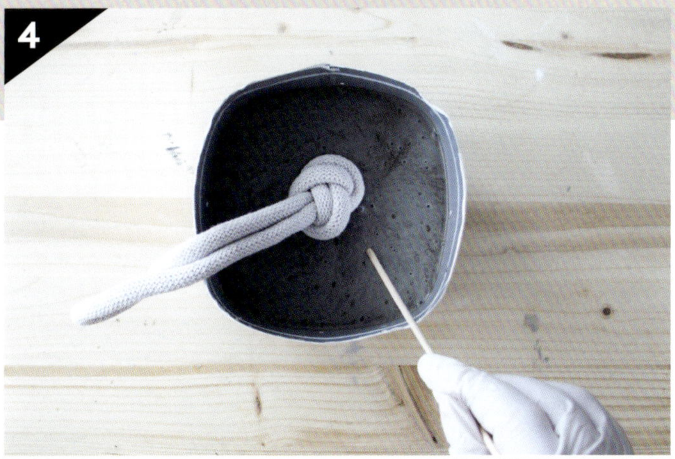

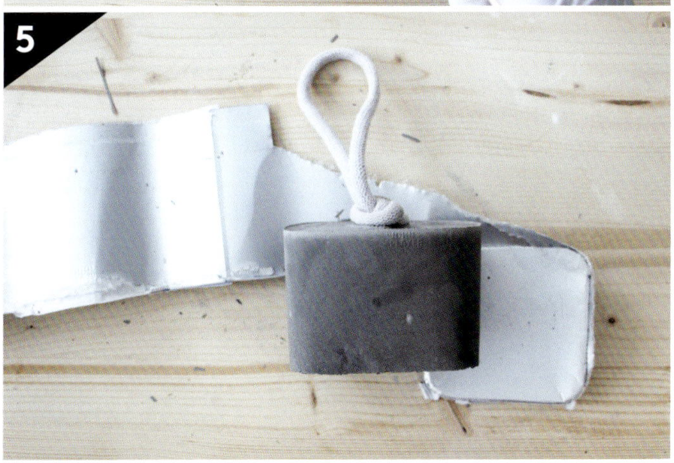

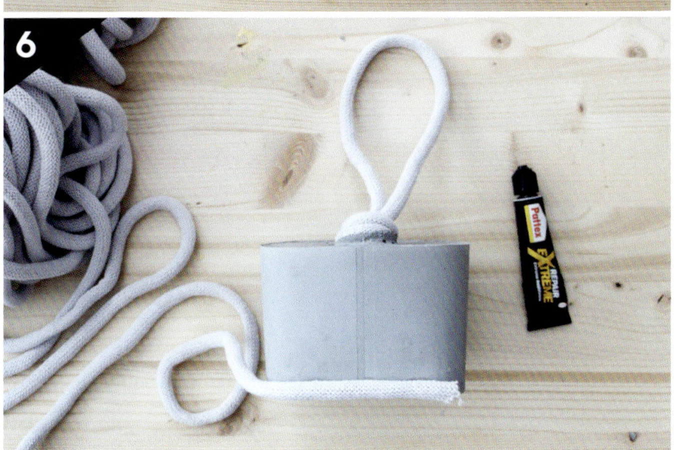

4 Klebe das Holzstäbchen mit einem Stück Klebestreifen am Rand fest. Damit verhinderst du, dass der Knoten im Beton nicht wieder an die Oberfläche kommt. Nach 20 Minuten entfernst du das Holzstäbchen. Es sollte sich recht gut aus dem noch feuchten Beton herauslösen lassen. Mit dem Finger kannst du die Öffnung verstreichen. Trage dazu unbedingt einen Handschuh. Solltest du das Holzstäbchen einmal vergessen, ist das nicht weiter tragisch. Mit einem Seitenschneider nach dem Trocknen einfach bündig abschneiden.

5 Nach 12 Stunden kannst du die Umverpackung entfernen und die Ränder mit Schleifpapier glattschmirgeln.

6 Zum Schluss wird der untere Rand mit der Schnur verschönert. Trage dafür nach und nach Kleber auf und umwickle den Türstopper insgesamt 3x mit dem Makrameegarn.

WINDLICHT

UPGECYCELT

MATERIAL

- 500 g Kreativbeton von Rayher
- 50 g Wasser
- Mischbecher und Rührstäbchen
- Quarkverpackung (ca. 500 g)
- sauberes Würstchenglas
- Speiseöl
- Pinsel
- Klebestreifen
- Kreidemarker
- Imprägnierung für Beton

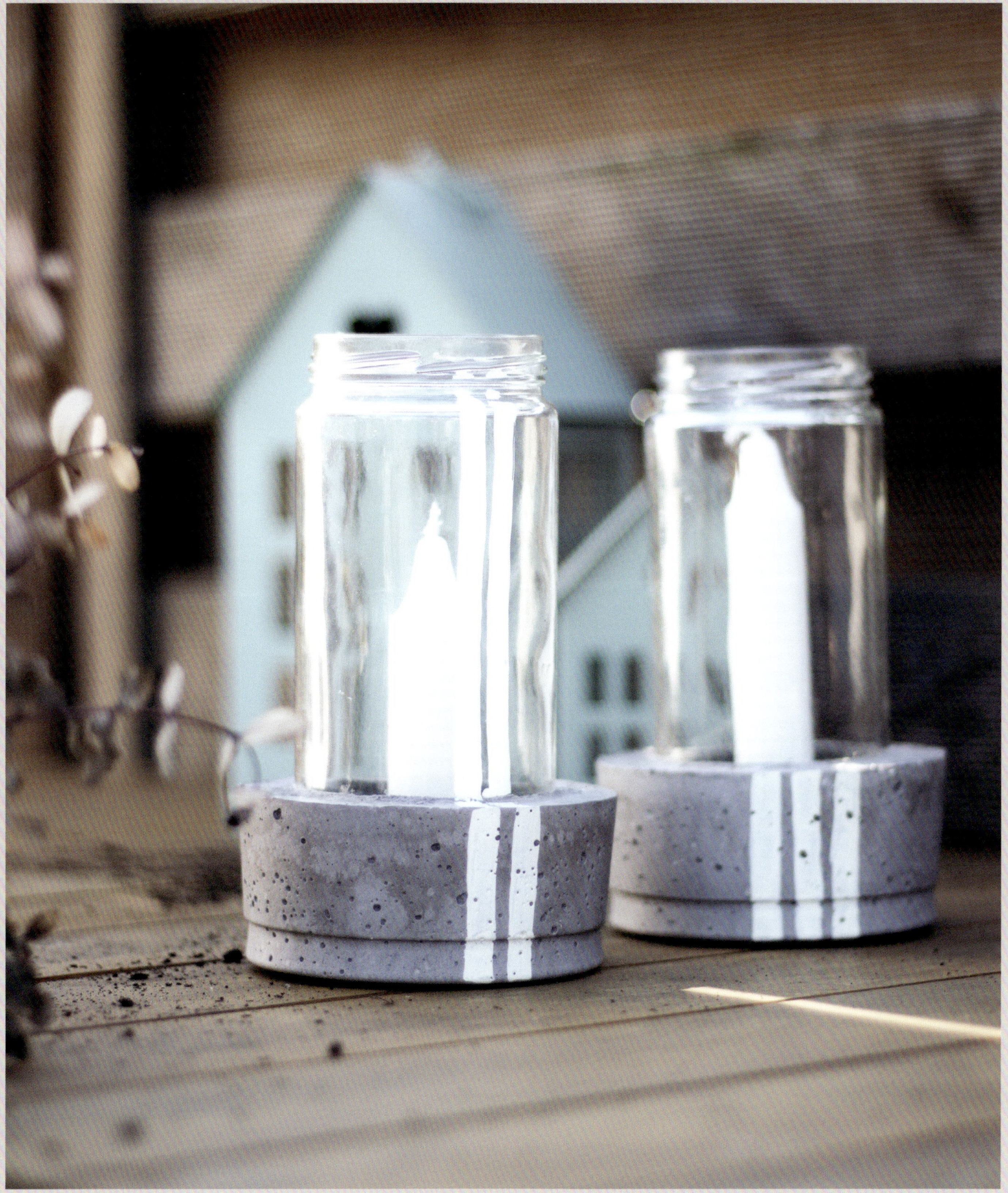

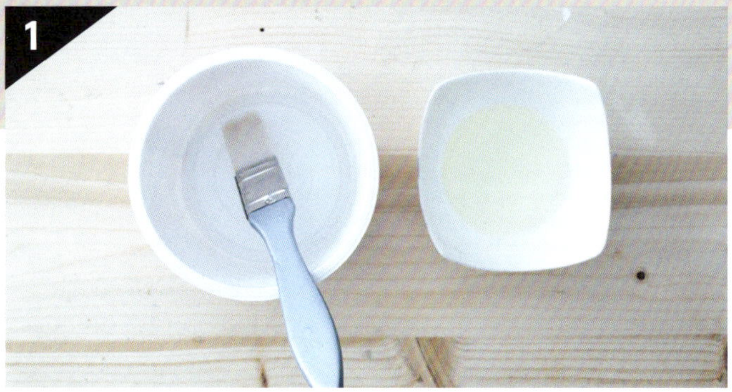

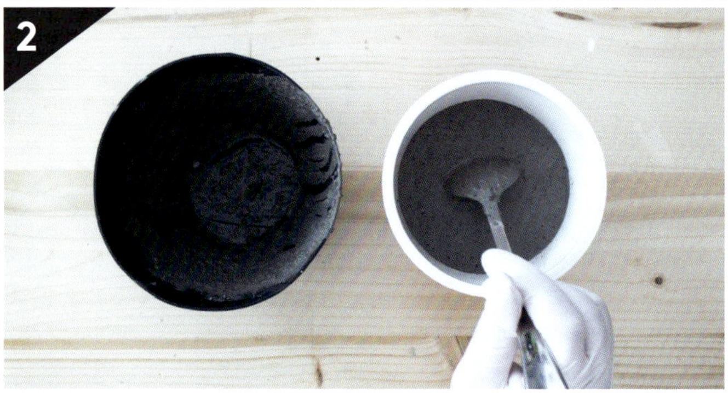

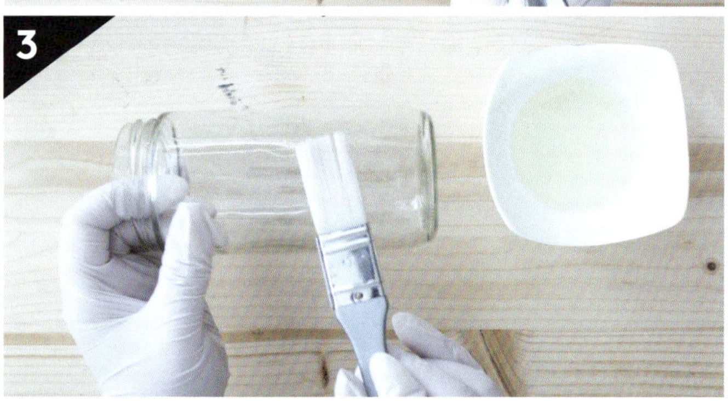

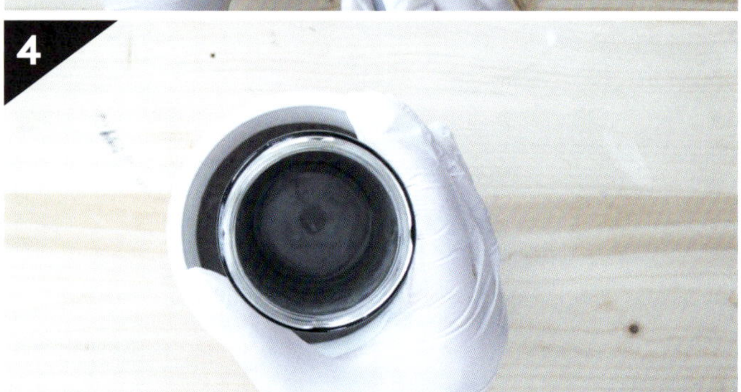

SO WIRD'S GEMACHT

1 Reinige zuerst die Quarkverpackung und streiche sie mit Speiseöl aus.

2 Verrühre den Kreativbeton mit 50 g Wasser zu einer homogenen Masse. Fülle den fertigen Kreativbeton in deine zuvor geölte Verpackung.

3 Bepinsle nun auch das untere Drittel vom Glas mit Speiseöl.

4 Drücke das Würstchenglas mittig in den Beton. Da dieses immer wieder nach oben gedrückt wird, kannst du es zum Beispiel mit Wasser füllen. Damit es nicht kippt, empfehle ich dir, Klebestreifen ringsum anzubringen, um es zu stabilisieren.

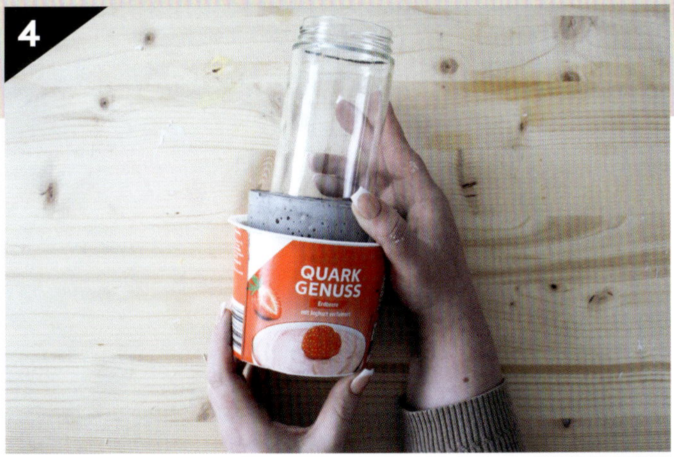

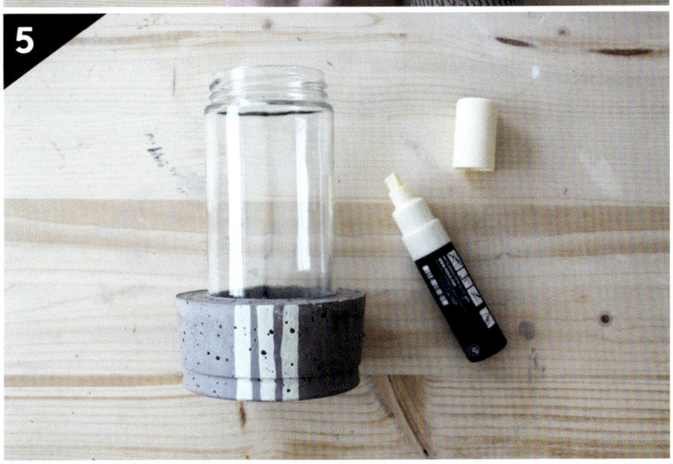

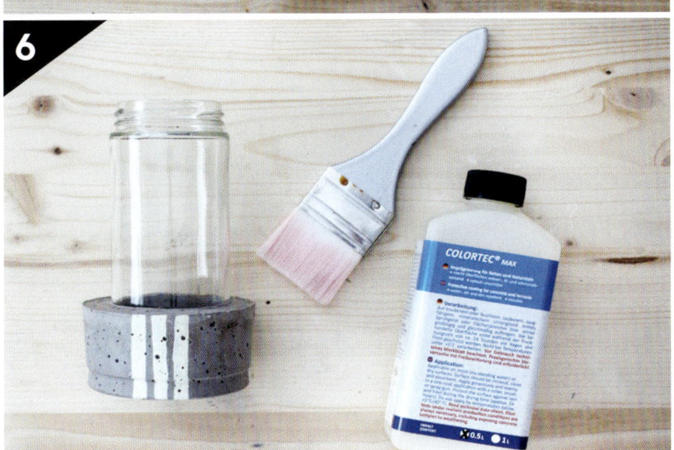

5 Nach 1 Stunde können die Klebestreifen entfernt werden. Lasse den Beton für 12 Stunden zum Trocknen in der Umverpackung. Dank des Speiseöls solltest du den Beton gut aus dem Becher herauslösen können. Wenn das nicht funktioniert, kannst du die Verpackung einschneiden. Achtung! Es könnte sich auch das eingefettete Glas aus dem Beton lösen.

6 Nachdem der Beton getrocknet ist, wird er außen mit Kreidemarkern bunt gestaltet. Linien, die sich über den Beton auf das Glas ziehen, sehen sehr hübsch aus.

7 Zum Schluss bestreichst du die bemalte Fläche mit der Imprägnierung für Beton. Auch diese sollte für 24 Stunden geschützt vor Regen und Frost vollständig trocknen.

FEUERSCHALE

MIT BRENNTOPF

MATERIAL

- 560 g Kreativbeton 5 in 1 von Rayher
- 70 g Wasser
- Mischbecher und Stäbchen
- Silikonform Schale mit Riffel Ø 20 cm (Marke: Beton In Form)
- Tortenring zum Stabilisieren der Form
- Steine
- Brenntopf feuerfest

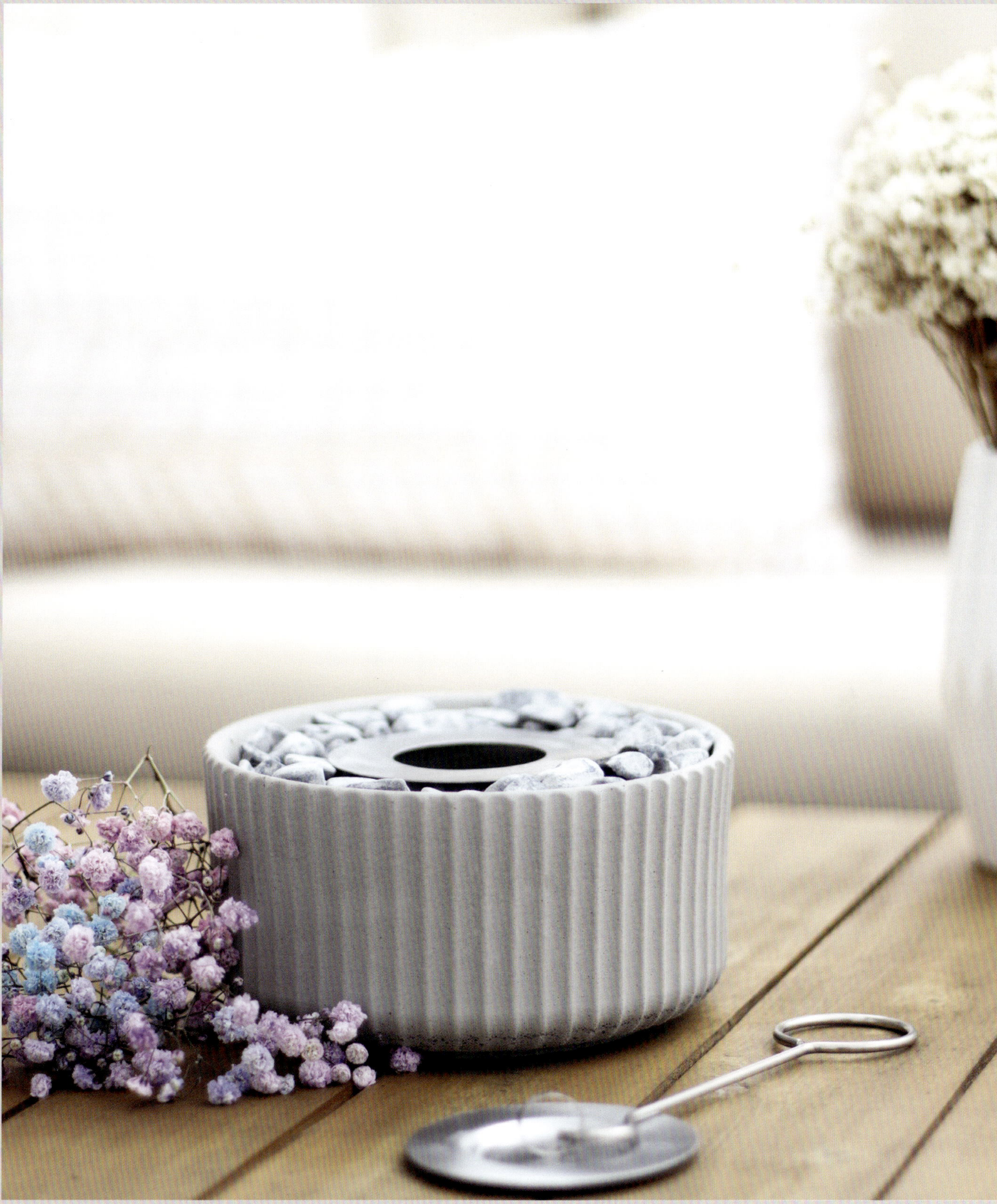

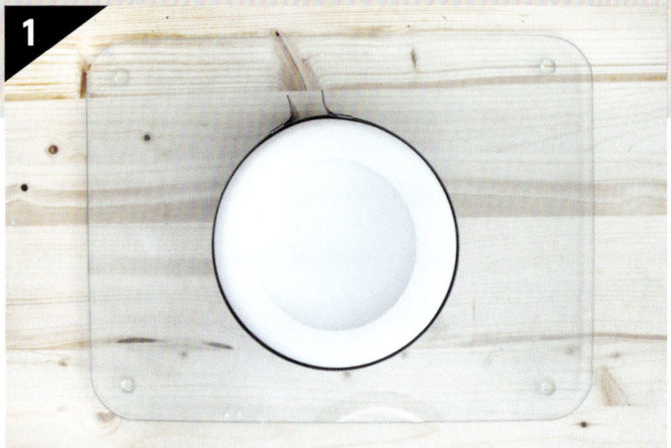

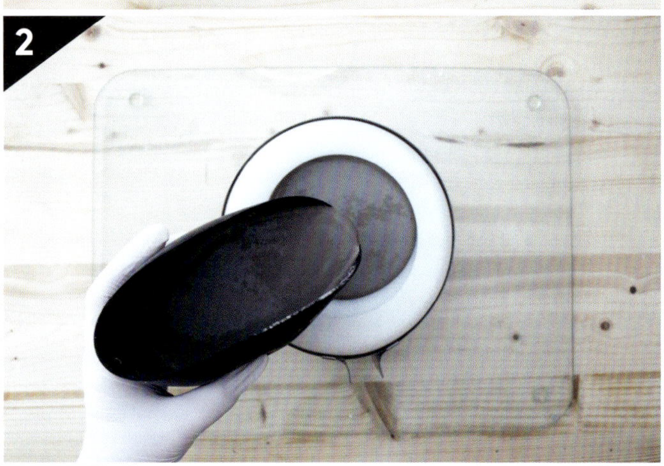

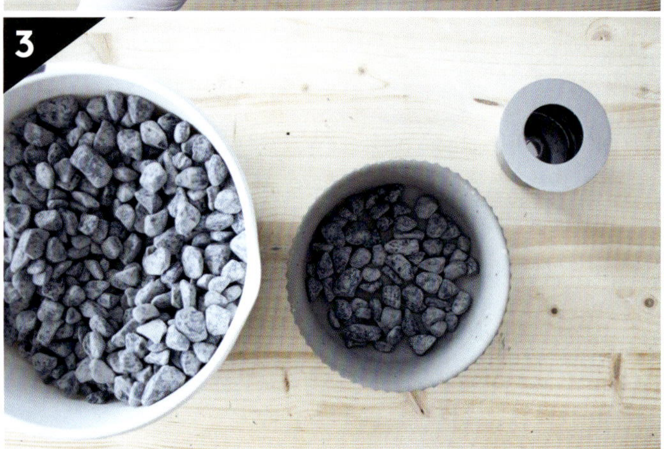

SO WIRD'S GEMACHT

1 Bereite die Silikonform vor, indem du einen Tortenring um sie herumspannst. Nicht jede Form benötigt eine solche Hilfe. Da die verwendete Form für mein Projekt sehr weich war, habe ich einfach einen Tortenring benutzt, damit die Schale nach dem Trocknen auch wirklich rund ist.

2 Rühre den Beton mit 70 ml Wasser in einem Mischbecher an. Diese Menge ist nötig, damit der Beton gießfähig ist. Fülle in die Silikonform etwas Beton ein und klopfe leicht an der Form, damit die Lufteinschlüsse am oberen Rand der Schale platzen. Danach gibst du den Rest des Betons in die Form. Danach wieder leicht an der Form klopfen, um die restlichen Lufteinschlüsse an die Oberfläche zu befördern.

3 Nun die Schale für 24 Stunden zum Trocknen an Ort und Stelle stehen lassen. Danach kannst du die Silikonform entfernen. Befülle die Schale mit Ziersteinen. Fülle die Steine nur so weit auf, dass die Brennschale bündig mit dem Rand der Betonschale abschließt.

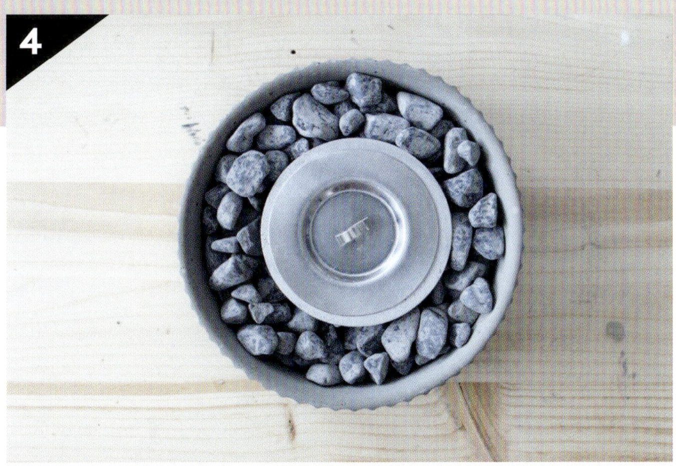

4 Platziere dann die Brennschale mittig in deiner Beton-Feuerschale und gib rundherum Ziersteine hinein. Danach befüllst du nach Herstellerangaben die kleine Brennschale mit Bioethanol.

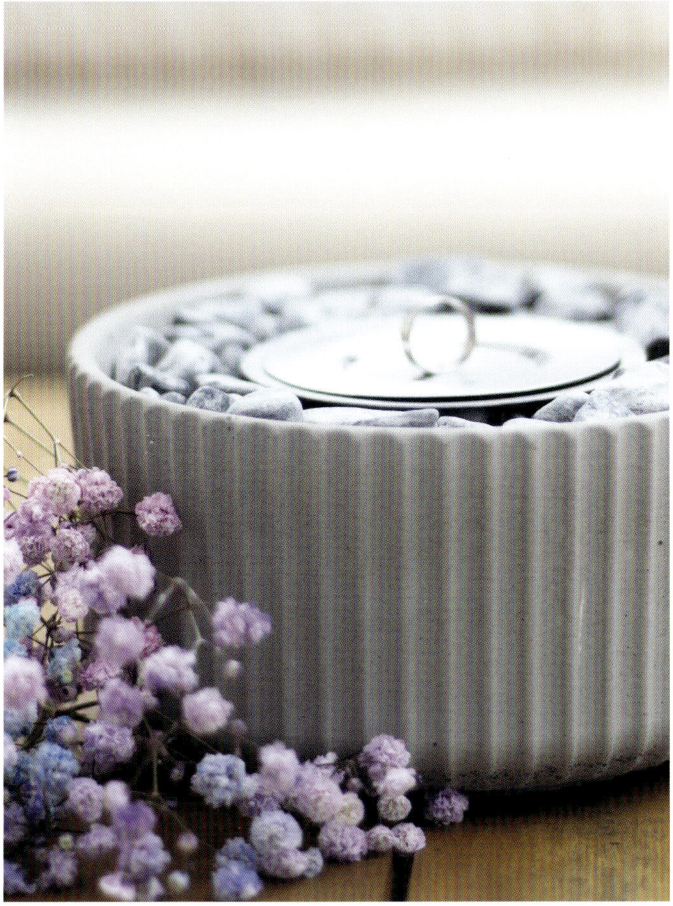

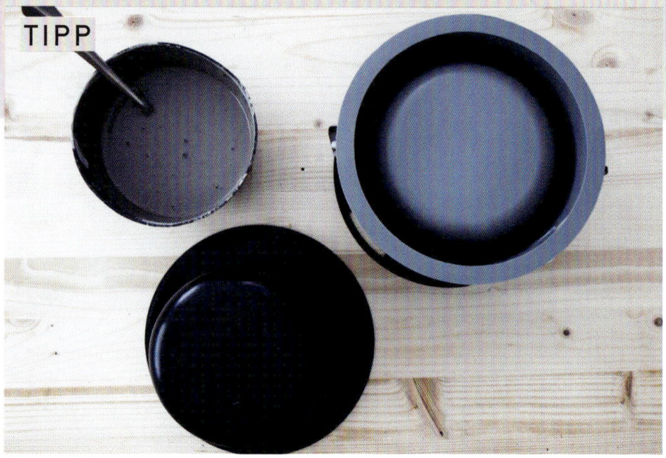

TIPP

Es gibt auch direkt Schalen zum Gießen von Blumentöpfen aus Beton. Diese Formen bestehen aus drei Teilen. So verformt sich die Silikoneinlage nicht, und du erhältst einen schönen Topf, den du für deine Brennschale verwenden kannst.

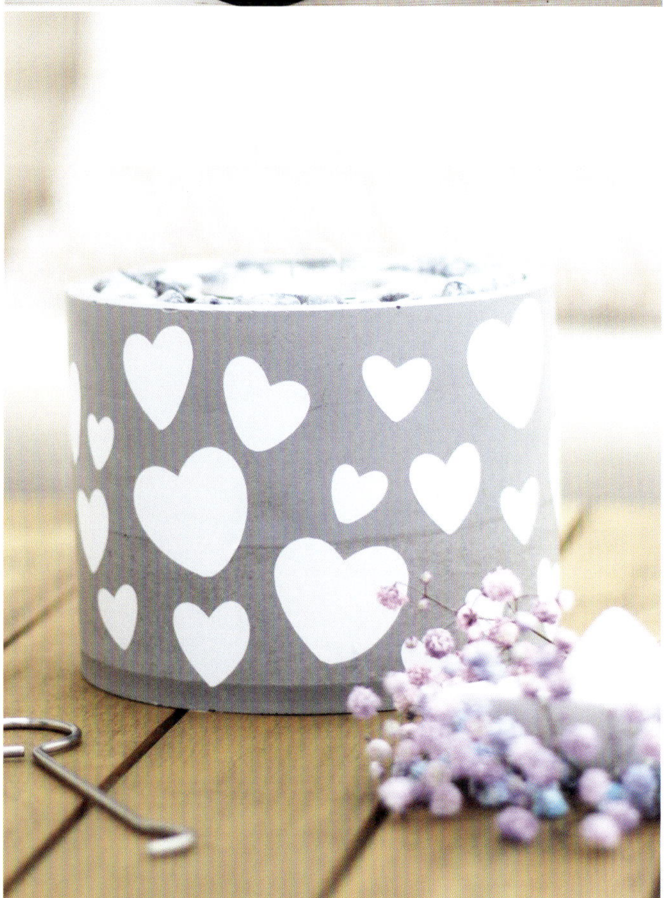

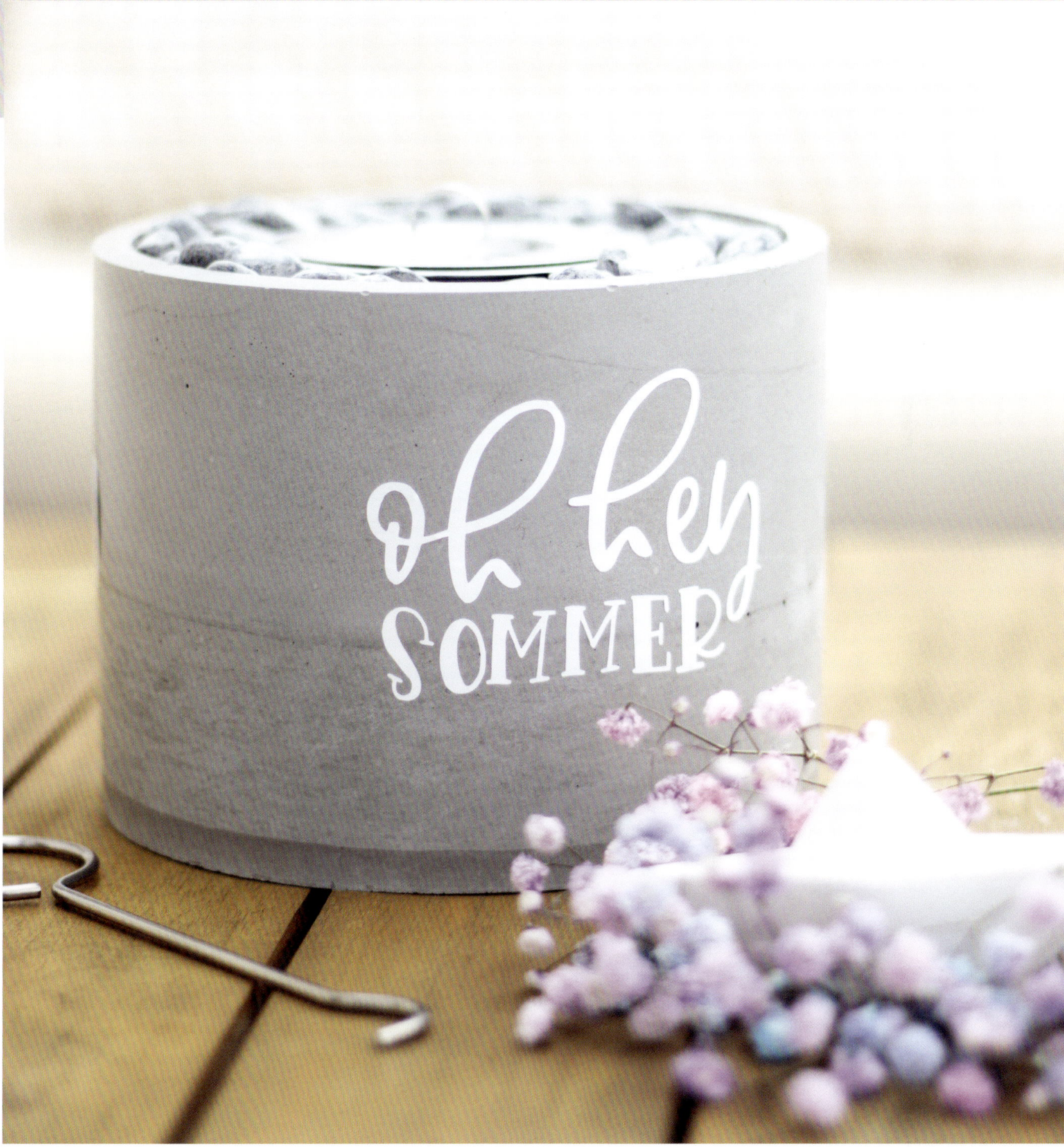
oh hey
SOMMER

FIMOAIR

SEIFENABLAGE

MIT ABLAUF

MATERIAL

- FIMOair light 250 g
- Acrylroller
- Glasplatte
- Messer
- Bleistift
- Farbspray
- Mattlack

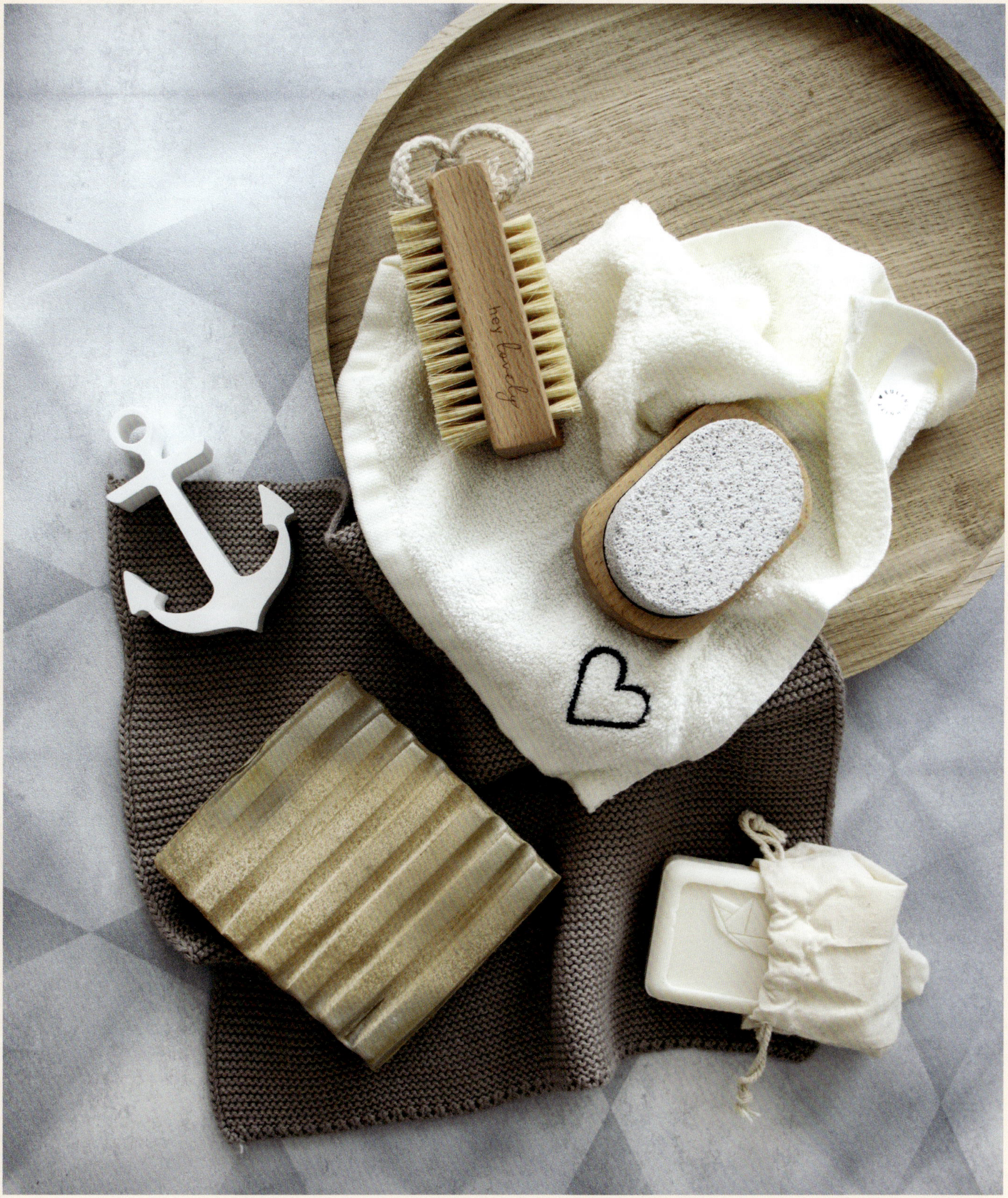
hey lovely

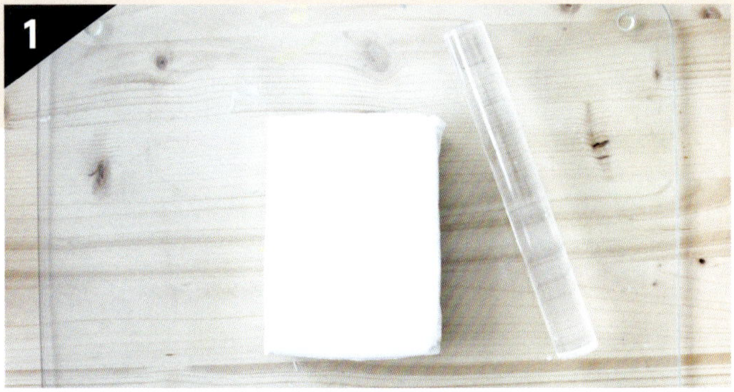

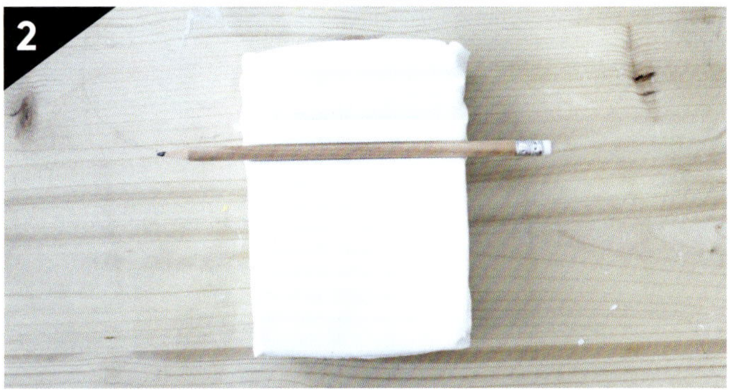

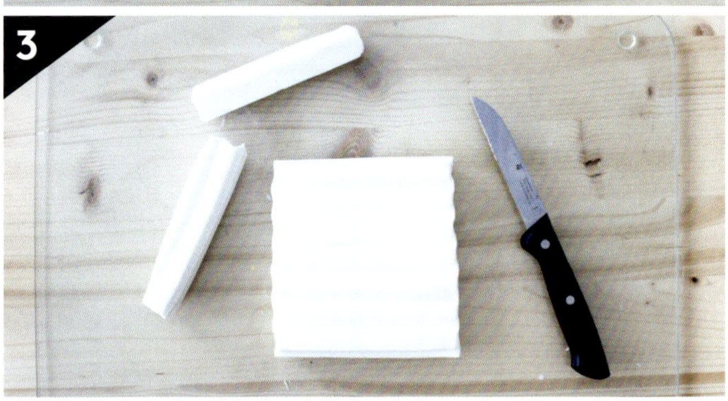

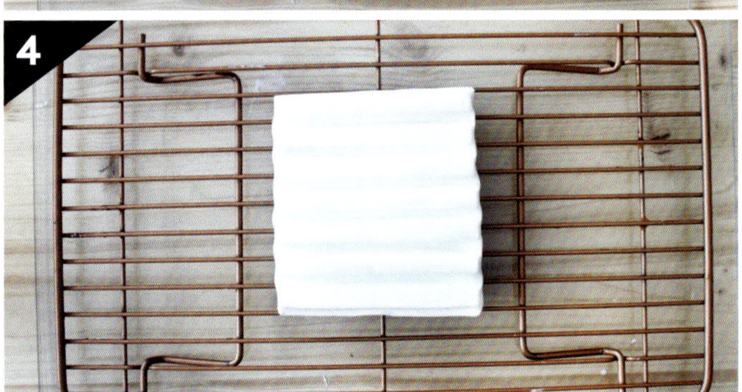

SO WIRD'S GEMACHT

1 Packe den Block FIMOair aus und rolle mit der Acrylrolle ein paar Mal leicht drüber, sodass die Abdrücke von der Umverpackung nicht mehr zu sehen sind.

2 Drücke nun einen Bleistift (am besten ohne Aufdruck) quer ein. Er sollte so weit hineingedrückt werden, dass er bündig mit dem FIMOair abschließt. Entferne den Bleistift und drücke ihn mit 5 mm Abstand erneut in die Masse. So arbeitest du bis zum Ende weiter.

3 Schneide an beiden kurzen Enden in einer Wölbung das FIMOair mit dem Messer grade ab. Auch in der Breite kannst du die Seifenschale, wenn du magst, noch anpassen.

4 Lege die Seifenablage auf ein Kuchengitter und warte 24 Stunden, bis sie durchgetrocknet ist.

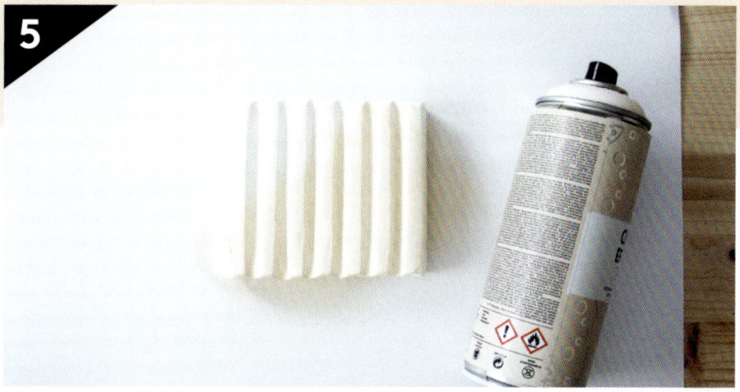

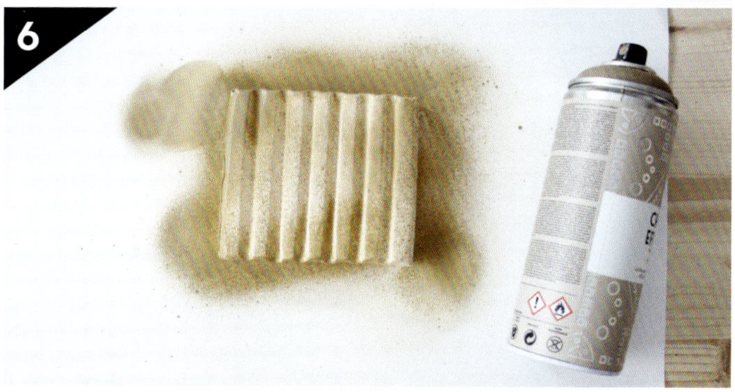

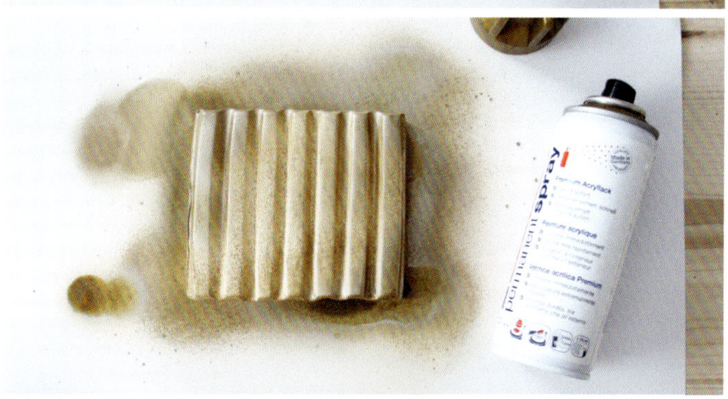

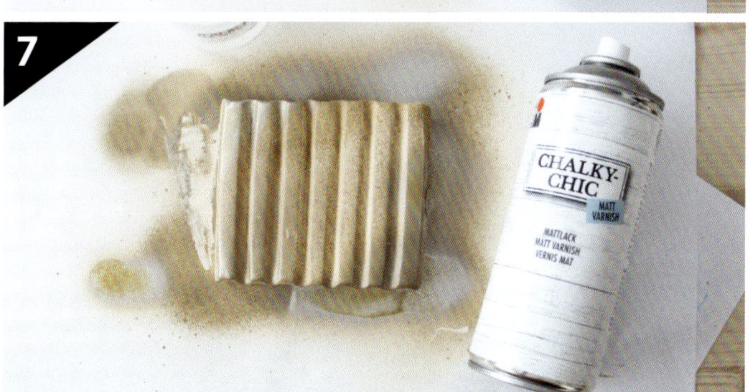

5 Danach kannst du sie in Wunschfarbe ansprühen. Die erste Farbe wird flächig aufgetragen. Die Unterseite wird ausgespart.

6 Setze danach mit der zweiten und dritten Farbe deiner Wahl punktuell Akzente. Die Farben können direkt hintereinander weg aufgetragen werden. Wenn du mit dem Ergebnis zufrieden bist, lässt du die Farben trocknen.

7 Zum Abschluss wird die Seifenschale mit Mattlack fixiert. Nach dem Trocknen ist die Seifenschale wasserfest und kann zum Einsatz kommen.

WINDLICHT-SPIRALE

MIT LOCHMUSTER

MATERIAL

- FIMOair light 250 g
- Acrylroller
- Glasplatte
- Messer
- Strohhalm oder Ähnliches
- Vorratsglas ohne Deckel

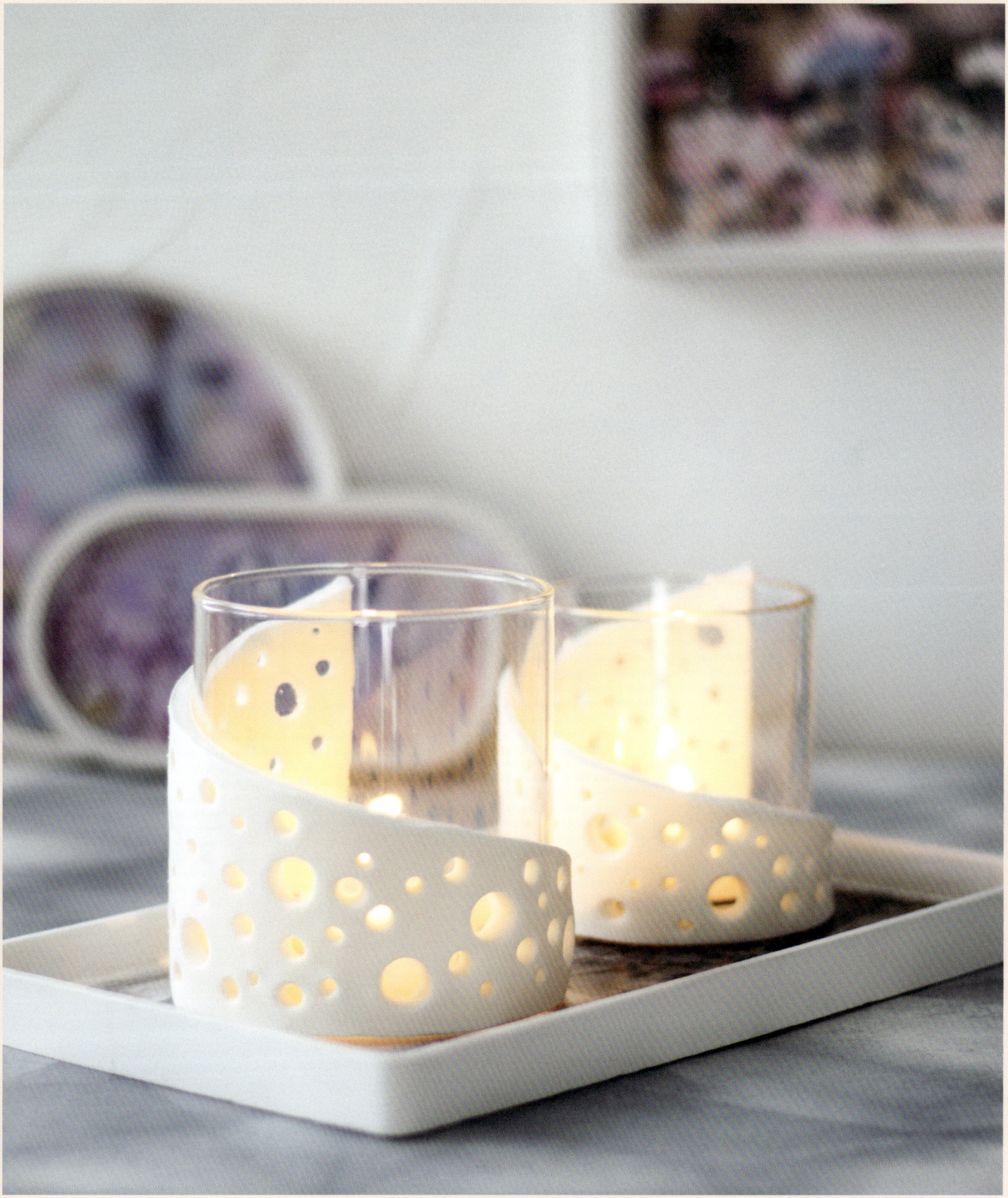

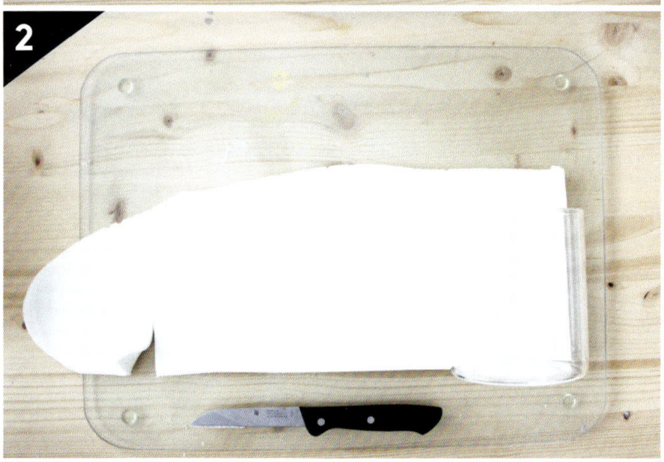

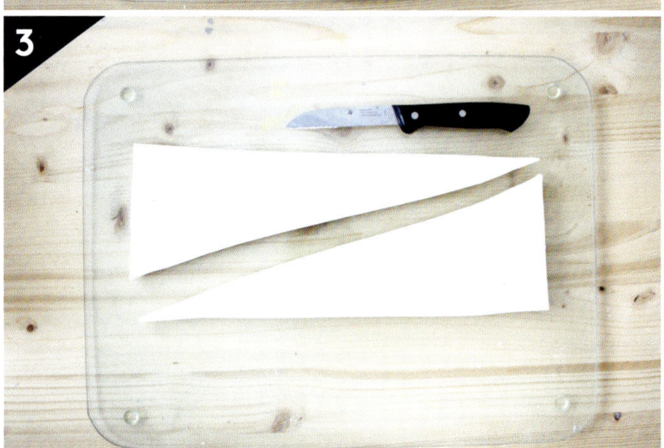

SO WIRD'S GEMACHT

1 Rolle das FIMOair light der Länge nach auf 5 mm aus und schneide die rechte und die längere untere Seite grade zu.

2 Platziere danach das Glas rechts auf dem FIMOair und rolle es nach links ein. Schneide 1 cm hinter der Überlappung das FIMOair mit dem Messer ein.

3 Schneide die linke und längere obere Seite grade zu und teile die Lage einmal von der oberen rechten zur unteren linken Spitze.

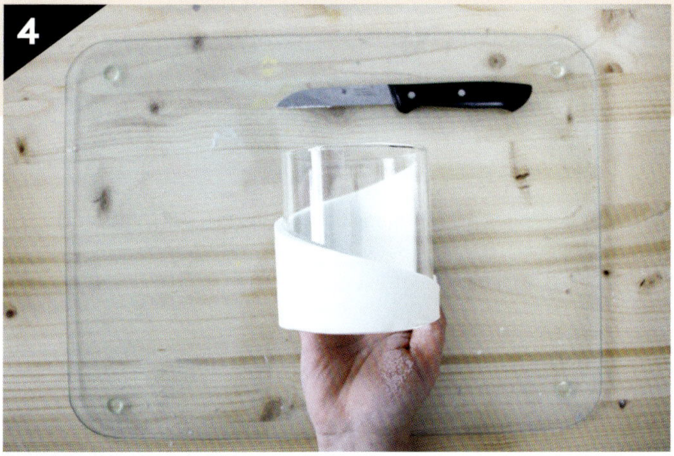

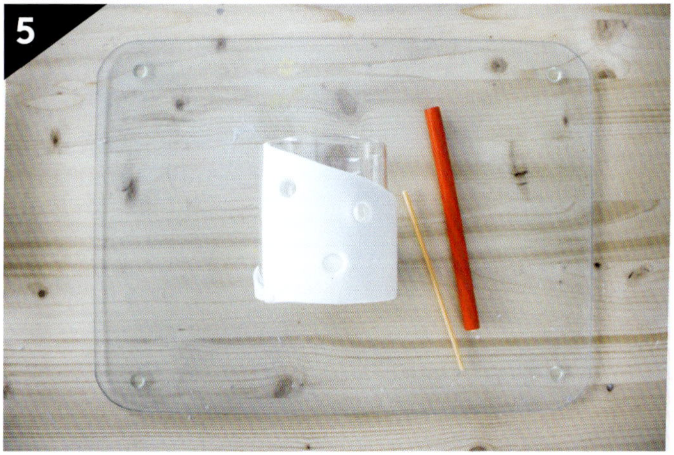

4 Wickle das Dreieck um das Glas und drücke die überlappende Spitze auf dem FIMOair fest.

5 Mit einem Strohhalm oder einem Cake-pop-Spieß kannst du nun Kreise in unterschiedlichen Größen aus dem FIMOair ausstechen. Das machst du rundherum. Danach lässt du das Windlicht für 24 Stunden trocknen.

DEKOSCHALE

MIT FARBSPRITZERN

MATERIAL

- FIMOair light 250 g
- Acrylroller
- Glasplatte
- Messer
- Müslischale/Snackschale circa Ø 10 cm
- Alufolie
- Pinsel
- Acrylfarbe
- Modellierwerkzeug
- Einweghandschuhe
- Schleifpad

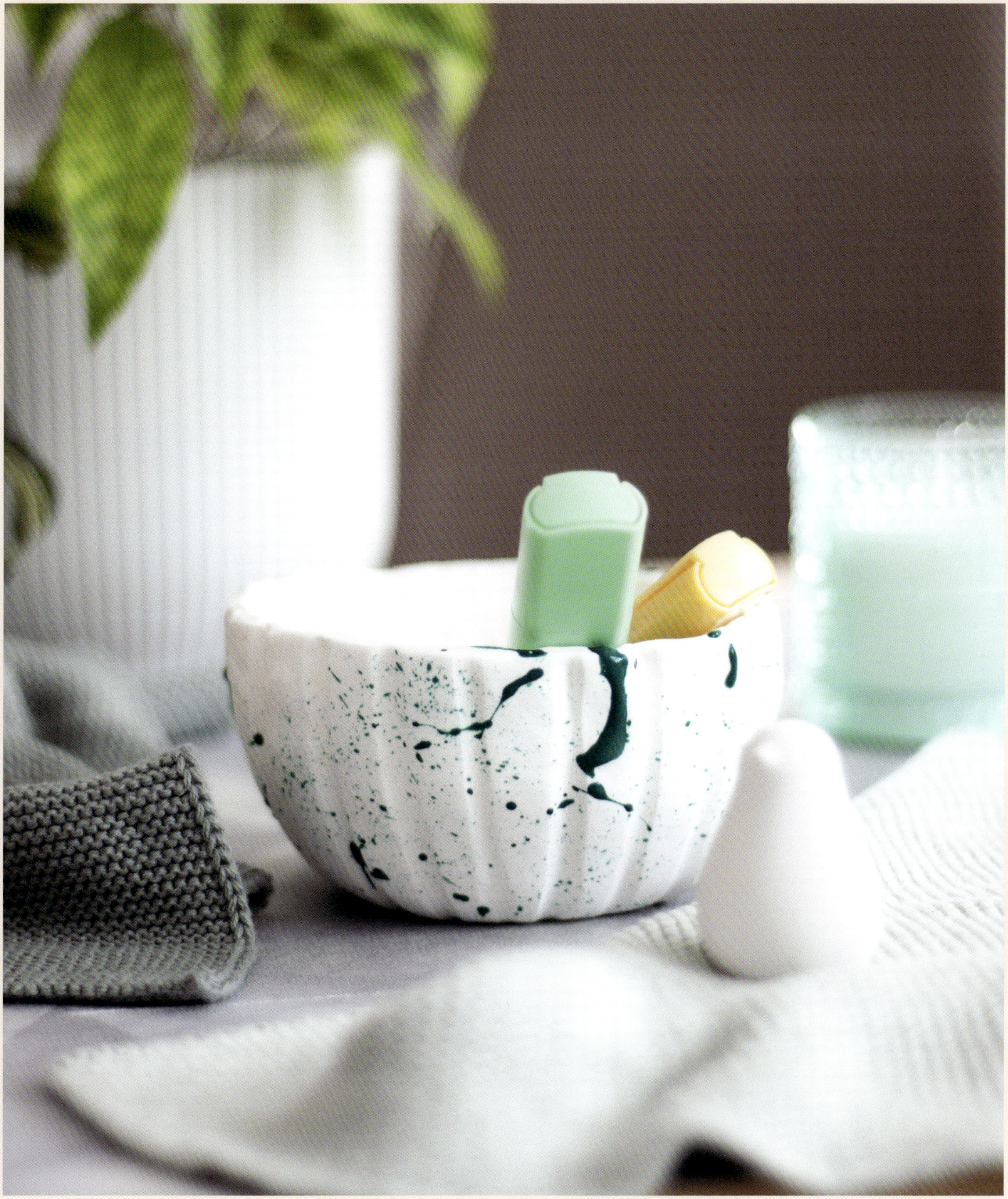

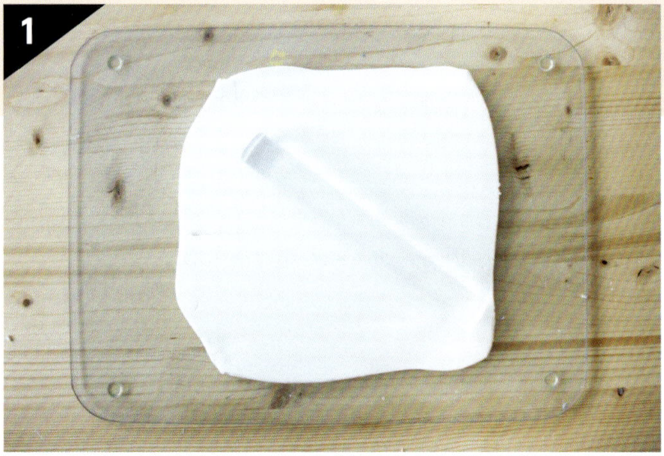

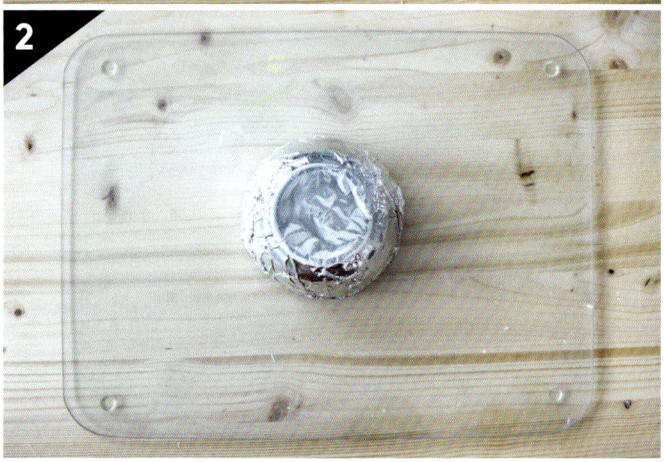

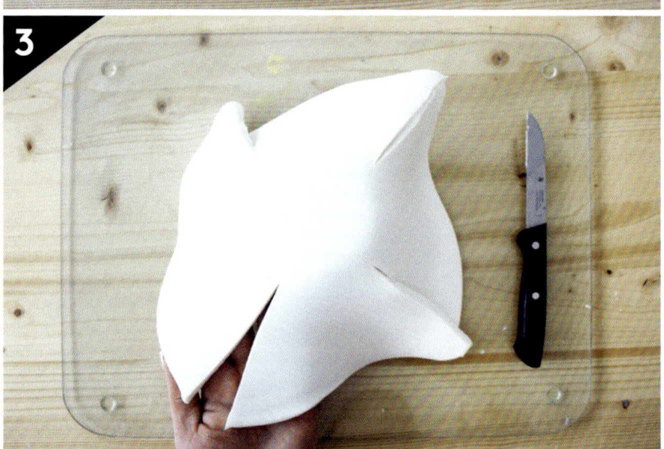

SO WIRD'S GEMACHT

1 Das FIMOair light mit der Acrylrolle viereckig auf circa 3–5 mm ausrollen. Wie groß das Viereck ausgerollt werden muss, hängt von der Größe deiner Schale ab.

2 Umwickle die Snackschale mit Alufolie, so lässt sich deine Schale später besser lösen.

3 Schneide an allen vier Ecken das FIMOair bis zum Boden der Schale ein.

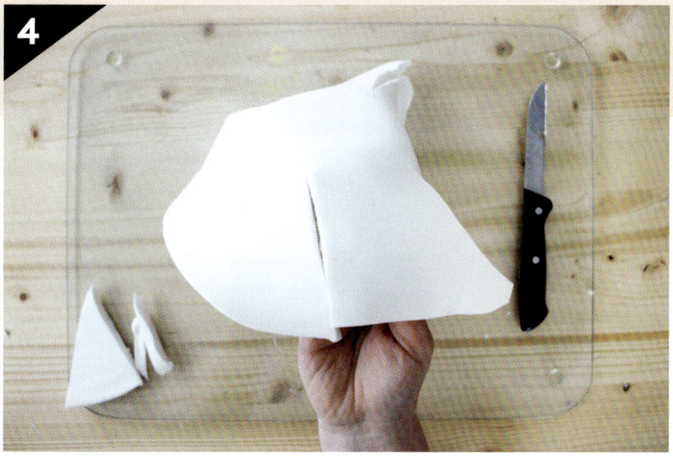

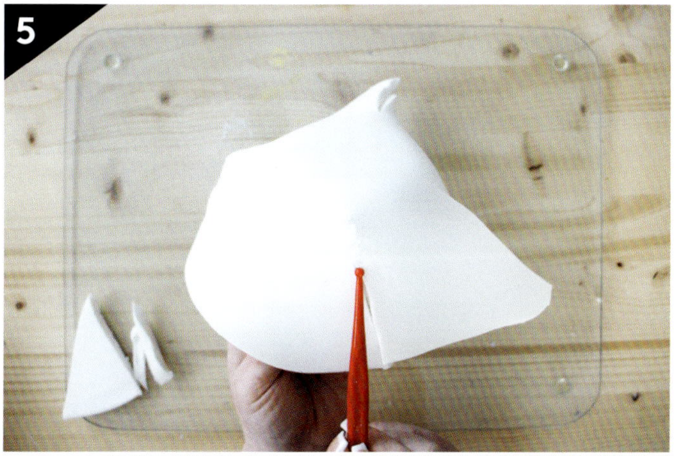

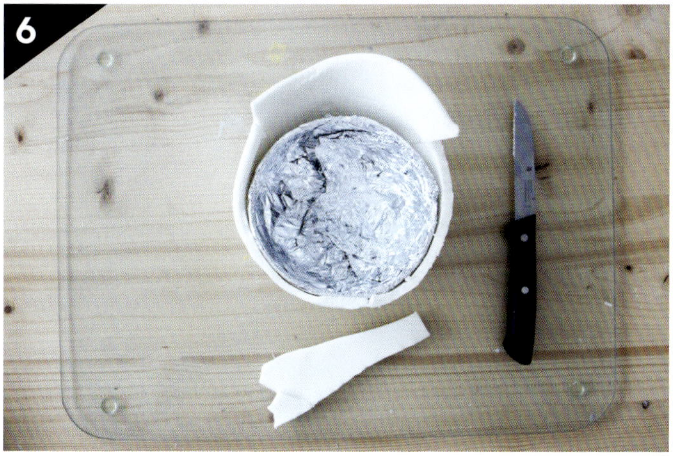

4 Schlage immer eine der Seiten über die danebenliegende Seite und schneide den Überschuss mit dem Messer ab.

5 Verbinde die Schnittstellen mit den Fingern oder mit einem Modellierwerkzeug und glätte sie.

6 Stelle die Schale vor dich hin und schneide den Rand mit dem Messer bündig zur Schale zu. Danach lässt du die Schale für 24 Stunden auf einem Kuchengitter trocknen.

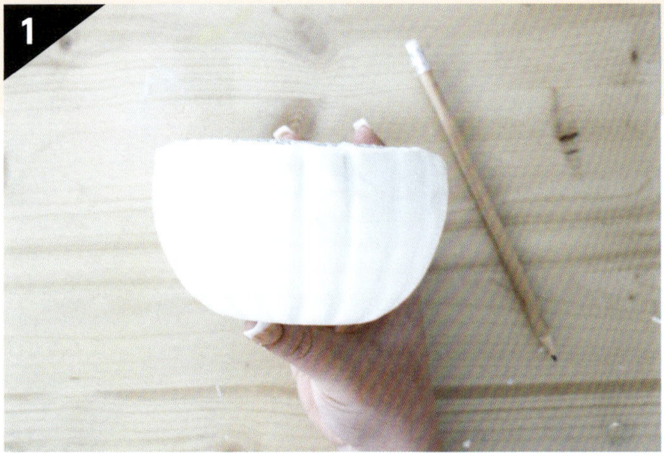

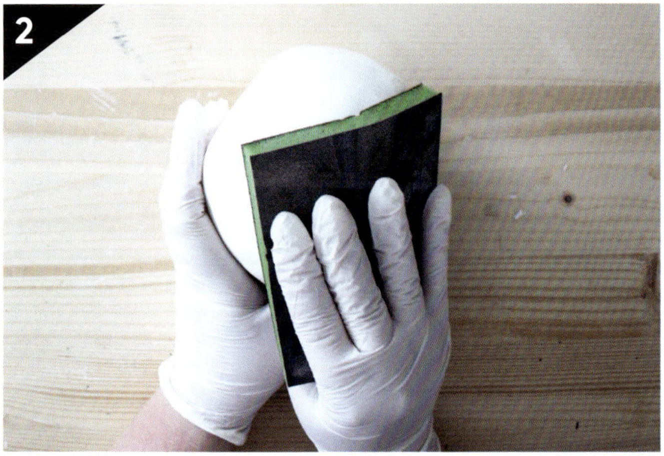

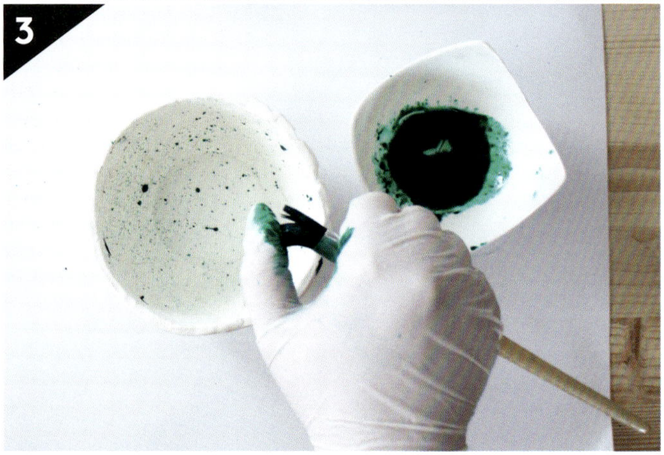

GESTALTUNGS-VORSCHLAG

Mit einem Bleistift ohne Aufdruck kannst du Rillen in die Schale hineindrücken.

7 Schleife nach der Trocknung die Ränder mit einem Schleifpad ab.

8 Tunke einen Pinsel in die Acrylfarbe und streife diesen mit dem Finger über deiner Schale ab. Ziehe dafür am besten Einweghandschuhe über. Du kannst die Schale von außen und innen besprenkeln, wenn du möchtest. Wenn die Farbe getrocknet ist, kann die Schale für Dekorationszwecke verwendet werden.

TIPP

Sollte die Acrylfarbe sich nicht gut verarbeiten lassen, füge ein paar Tropfen Wasser hinzu und vermenge beides miteinander.

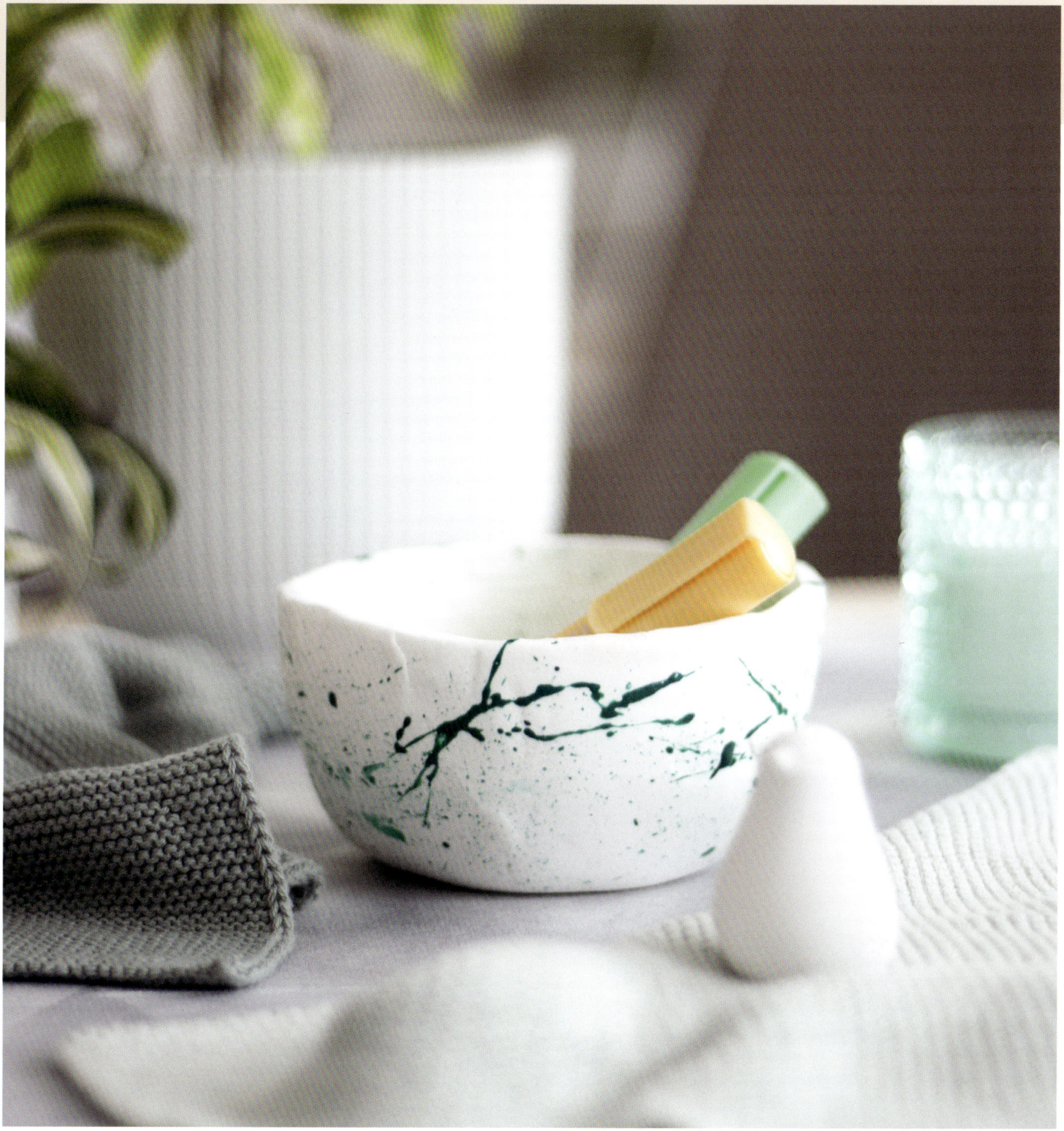

ÜBER DIE AUTORIN

Simone Groß, die am liebsten mit ihren Händen kreativ wird, wohnt mit ihrem Lebensgefährten im schönen Fredersdorf bei Berlin. 2020 entschloss sie sich, nach über 11 Jahren im Einzelhandel, ihre Führungsposition an den Nagel zu hängen. Sie nahm all ihren Mut zusammen und machte sich mit ihrem kreativen Business selbstständig. Und das erfolgreich! Auf ihrem Blog „machsschoen" und ihrem gleichnamigen Instagram-Account zeigt sie der Welt, wie viel schöner und bunter das Leben sein kann, wenn man kreativ ist.

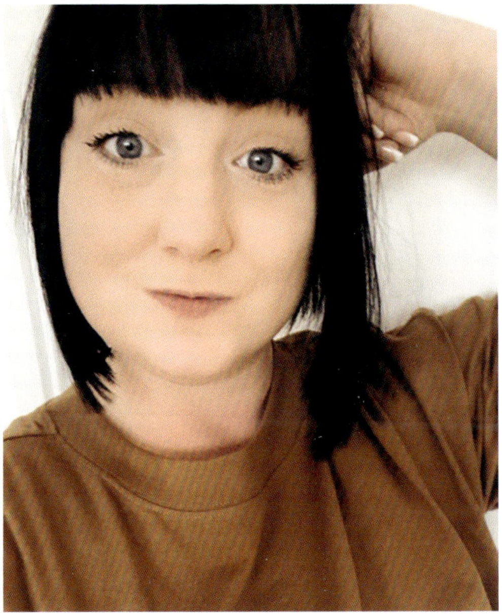

DANKSAGUNG

Ich bedanke mich herzlich bei der Firma Rayher, die mich mit Raysin und Kreativbeton sowie weiteren Materialien ausgestattet hat. Danke an VBS-Hobby für die Unterstützung mit nützlichen Materialien rund ums Gießen. Danke an Unicraft B.V. für die Ausstattung mit Jesmonite. Und ein großes Dankeschön an Anja vom EMF Verlag für die zauberhafte Kommunikation, dein offenes Ohr und dieses tolle Projekt, welches wir wieder gemeinsam umgesetzt haben.

MONES LIEBLINGSSTÜCKE

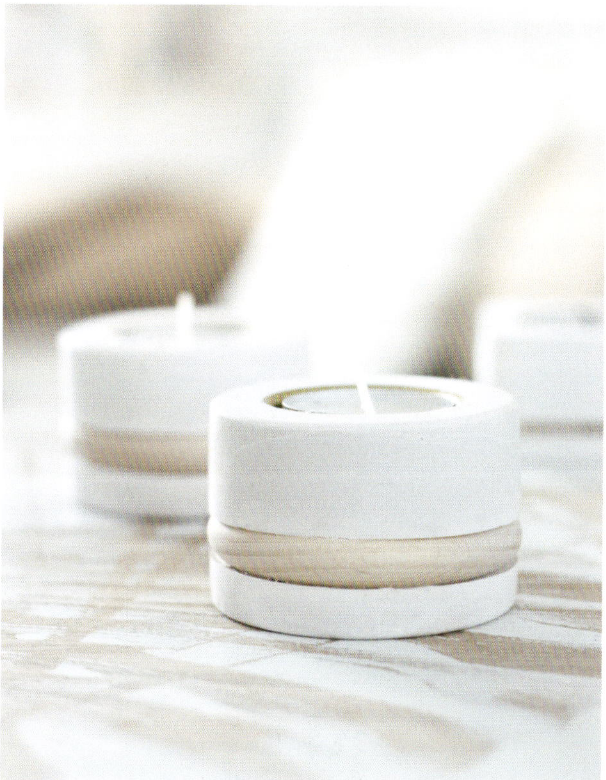

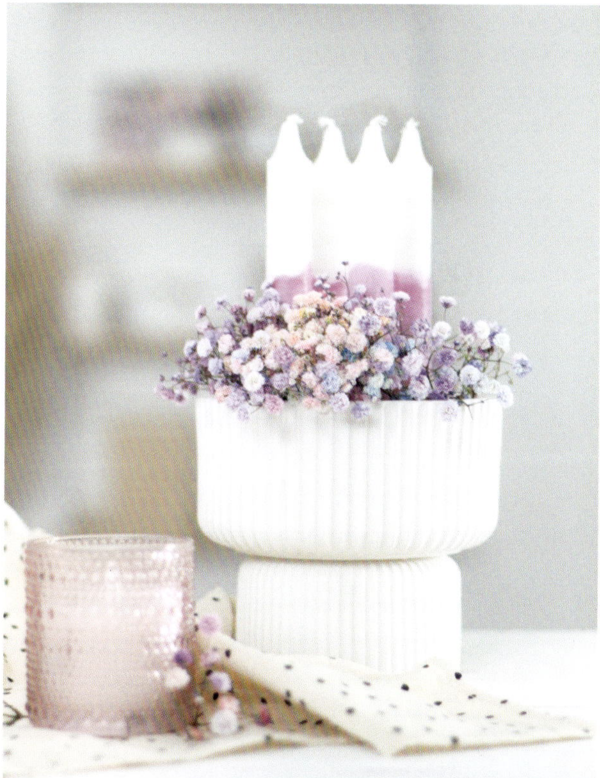

HIER GEHT
ES ZU MEINEM
AMAZON-SHOP:

IMPRESSUM

Bibliografische Information der Deutschen Bibliothek.

Die Deutsche Bibliothek verzeichnet diese Publikation in der Deutschen Nationalbibliografie. Detaillierte bibliografische Daten sind im Internet über http://www.dnb.de/ abrufbar.

EIN BUCH DER EDITION MICHAEL FISCHER
1. Auflage 2023

Covergestaltung: Michaela Zander
Redaktion und Lektorat: Anja Brinkmann
Layout und Satz: Michaela Zander
Fotos: Simone Groß
Illustrationen: Schmuck- und Deko-Elemente: © Patty Chan/shutterstock, © Net Vector/shutterstock, © TWINS DESIGN STUDIO/shutterstock

ISBN 978-3-7459-1814-4

Gedruckt bei Polygraf Print, Čapajevova 44, 08001 Prešov, Slowakei

www.emf-verlag.de